テキサスに
ZenCozy

善光寺

倉石 灯・中野 博・望月 均

未来生活研究所

はじめに

本著は、2017年（平成29年）4月にぱる出版から出版された『資産家たちはなぜ今、テキサスを買い始めたのか？』、そして2018年（平成30年）12月に日本実業出版社から「紙の本」として世に出た後、2021年（令和3年）4月にディスカヴァー・トゥエンティワンから「電子書籍」として発売された『なぜ、トヨタはテキサスに拠点を移したのか？』、に続く「テキサス三部作」最終作です。

一作目がテキサスの不動産投資をメインとした内容で、二作目はテキサスがアメリカの中心となっていく話、そして三作目となる本作では、そのアメリカの新たな中心となるテキサスから【和魂】をアメリカ全土へ、そして世界へ拡げていく話をさせて頂きます。出版社は前作の共著者である中野博が所長を務め、私も株主の一員である未来生活研究所を選びました。

中野所長（塾長）と私は同じ七福神の日（7月29日）が誕生日で、10年以上の付き合いになります。彼からは２０１４年（平成26年）４月以来、ほぼ毎月の「信和義塾大學校」から今の「中野塾」を通して多くのことを学び続けさせて頂いています。本作でも共著者として「第三章　和魂編」および「第四章　日本文明編」について執筆して頂きました。もうひとりの共著者である望月均は、私と同じく信濃の国（長野県）の出身で陸上自衛隊勤務経験がある、修験道・古神道の研究家で、飯綱文化振興会会長です。彼には「第二章　善光寺と信濃の國編」を担当して貰いました。

私は子どもの頃に日本聖公会・長野聖救主教会の日曜学校に通っていました。善光寺の近くにある教会で１８９２年（明治25年）創立の「レンガの教会」（登録有形文化財）です。善光寺には大晦日はもちろんのこと、日頃から大好物の蕎麦を食べに頻繁に訪ねていました。ある日、善光寺山門の西側に安置されている仏足石を見て、お釈迦様の両足にある印はイエス様の十字架の釘うちの痕だと閃きました。その時から私はお釈迦様とイエス様は同一人物と捉えています。

私は１９８４年（昭和59年）にテキサスへ渡り、同年、ノーステキサスバプテスト教会を設立された宝田豊牧師からキリスト教を学び、２０１９年（令和元年）に「縁」あって大阿闍梨の三上香楽師僧から得度を受けて仏門に入りましたが、ガウタマ・ブッダとイエス・キリストの間には、そして仏教とキリスト教の間には余りにも多くの類似点があります。

仏教はキリスト教より五百年ほど前に生まれたと言われていますが、それを証明する確たる証拠はありません。仏典も新約聖書も後に弟子たちがまとめたものなので、蘇ったイエス様がインドに渡ってお釈迦様となった可能性は否めないと考えています。

そんな私が初めてテキサスに興味を持ったのは、50年余り前、当時は長野聖救主教会の近くにあった信州大学教育学部附属長野中学校へ入学後、図書館で最初に借りた本であった『破戒』を読んだ時でした。

同書は信州木曾の中山道馬籠で生まれた島崎藤村が１９０６年（明治39年）に出版した本です。明治時代に信州小諸城下の被差別部落に生まれた主人公の瀬川丑松は、父から穢《え》多《た》の身分を隠して生きるように戒めを受けて育ち、山奥で教員をしていました。

当時は部落差別（同和問題）が酷く、穢多と知られたら「汚らわしい」と村を追い出され教員の資格も失う時代でした。やがて彼の素性が噂になり、最後は受け持ちクラスの生徒に向けて自身の素性を告白し、生徒たちが彼を引き留めようと校長に直談判をしたにもかかわらず辞めていくのですが、その後に何と丑松にテキサスでの事業の話（亜米利加の「テキサス」で農業に従事しようという新しい計画）が持ちかけられ、新天地を求めて先ずは東京へと旅立って行ったのです。中学生になったばかりの私にはテキサスといえば西部劇のイメージしかありませんでした。そのテキサスで事業？と思ったものです。

中学生なりに調べてみると、１９０３年（明治36年）に高知県出身で衆議院議員や同志社第４代社長（現在の総長）であった西原清東《さいばらせいとう》がテキサスに渡って米作の農場を開いたことが分かりました。日本人の数は１９００年（明治33年）には13人、１９１０年（明治43年）には３４０人、１９２０年（大正９年）には４４９人でした。彼らは資産家や事業家、政治家、ジャーナリストなどで、日本の狭い国土から広大なテキサスで米作や野菜作りをするために渡ったそうで、そうした日本人農園の中には所有する土地から石油が採掘され、油田開発事業を手がけた例もあり、色々調べながらワクワクしたものです。

当時の日本では海外移民がブームで、インテリの間では自由民権運動に対する政府の弾圧から逃れ、自由なアメリカで学んだり働いたりすることに憧れた人も少なくなかったことを知り、自分もいずれはアメリカへ渡る想いに馳せたものです。

『破戒』が出版された１９０６年といえば、その５年後の１９１１年（明治44年）には三井物産の綿花会社として、現在ダラスに本社があるＴＯＹＯ ＣＯＴＴＯＮ（東洋綿花子会社）が設立されています。その頃の人物で私の大変興味ある人がいます。

日本のアルピニズム先導者として知られる、世界的地理学者の志賀《しが》重昂《しげたか》教授（早稲田大学）です。

彼は１８６３年（文久３年）岡崎藩の藩校の儒者の家に生まれ、札幌農学校卒業後に私の出身中学の前身である長野師範学校にて地理科を教えていました。ところが、長州藩出身の木梨精一郎県令（初代 長野県知事）を酒席で殴って辞職したのです。

その後、海軍兵学校の練習艦「筑波」に便乗してイギリスの巨文（コムン）島占領の状況を探り、南太平洋諸島を巡って『南洋時事』を出版し、列強の植民地化競争の状況を報じて警世しました。

１８８８年（明治21年）には機関紙『日本人』を創刊し、当時の政府が急ぐ鹿鳴館的西欧化を批判し、機関誌に「宗教・徳教・美術・政治・生産の制度は「国粋保存」で守らねばならぬが、日本の旧態を守り続けろとは言わない。ただし西欧文明は、咀嚼し消化してから取り入れるべきだ」と記して【和魂洋才】を実践されました。その後、農商務省山林局長や衆議院議員を務めて１９１０年（明治43年）に軍艦「生駒」に便乗して世界を巡ったのですが、１９１４年（大正３年）にハワイ諸島・カナダ・ワシントンＤＣ・キューバ・メキシコと巡り、テキサス州サンアントニオを訪問した際にアラモの砦に立ち寄りました。

アラモの砦は世界遺産にも登録されていますが、アメリカ人なら一度は行ってみたい場所です。アラモは元々スペインのキリスト教布教所として１７１８年（享保３年）に建設されました。その後、１８３５年（天保６年）からメキシコの領土であったテハス（現テキサス）がメキシコからの分離独立を目指して戦ったのがテキサス独立戦争です。当初は勝利をおさめたテキサス軍ですが、アラモの砦で大敗を喫しました。ボウイナイフで知られるジム・ボウイ大佐やデイヴィッド・クロケット元下院議員などのアメリカの国民的英雄を含む総勢１８９名がこの戦いで全滅しました。

一方のメキシコ軍側の被害は甚大で２４００名の軍勢中戦死者１５００名と言われています。この戦いを受けてテキサス軍のサム・ヒューストン将軍は「アラモを忘れるな！」

とときの声をあげて783名の部隊でサンタ・アナ大統領率いるメキシコ軍に死者630名、捕虜730名という被害を与えて崩壊させ、テキサス共和国が誕生したのです。テキサスは現在50州あるアメリカ合衆国の中で唯一、別の国として1845年（弘化2年）に加わった州なのです。

アラモの砦があるサンアントニオには全米から年間1000万人以上の観光客が訪れますが、そこに立ち寄った志賀教授が、1575年（天正3年）日本の長篠の戦いで、長篠城を脱出して徳川家康に救援を要請し、命と引き換えに朗報を伝えた鳥居強右衛門のエピソードと、1836年（天保7年）、援軍の朗報を伝えるためにアラモの砦に引き返して命を落としたジェームス・ボーナムのエピソードが類似していることにいたく感激して、両勇士を称える詩文を刻んだ石碑をアラモの砦に寄贈しました。

「アラモは米国の長篠なり。長篠は日本のアラモなり。長篠の壮烈を知る者、アラモの戦を知らざるべからず　大正三年　志賀重昂」

この石碑には複数の弾痕があります。日本が1941年（昭和16年）真珠湾攻撃をした時に撃たれたそうです。その時にこの敵国から贈られた石碑を撤去する話も出たそうですが、日本との友好を心から信じて両国の平和を願うテキサスの人たちによって石碑は守られました。一方、フランクリン・ルーズベルト大統領は「アラモを忘れるな！」を引用して「パールハーバーを忘れるな！」と国民に呼びかけて戦争意欲を高めました。そしてアメリカは第二次世界大戦に参戦することになったのです。

時は今、世界はウクライナ戦争や新型コロナウイルス禍などで秩序が激しく揺らぎ、富の偏在や価値観の違いによる分断が生じています。私はこんな時だからこそ「和」の本質を考える良い機会が訪れているのだと感じています。

「和」の源流はどこにあるのか、和の心「和魂」はどのようにして育まれ、今どのように生かすべきなのか。本書はこれらを考えその価値を知っていただけることを願って書かれたものです。

和の心「和魂」をもって明るい未来を切り拓く。本書を通じて、あなたにこんな念いを持っていただき、充実した人生を送るきっかけとなれば、著者として大きな喜びとなることは言うまでもありません。

２０２３年３月１日

和魂リアルティ　ＣＥＯ　倉石　ルーク　灯

〈目次〉

第一章　テキサス編

テキサスに来て考えてみた日本のこと　48

第二章　善光寺と信濃の國編

第三章　和魂編

第四章　日本文明編……149

第五章　ZenCozy編

序章

倉石灯の
Road to Texas

■転機その１　長野から首都圏へ

私は信州・長野県の出身です。物心ついたころから蕎麦が大好きで、「産湯は蕎麦湯だった」といううわさもあるくらいです。当時、百年ほどの歴史があった地元の市立小学校から長野県の国立の中学校に進んだのですが、都会にあこがれ、周囲の反対を押し切って東京の国立市にある私立高校へ進みました。合格発表で自分の名前を見つけ、東京の進学校に入れたうれしさで、国立駅で待つ母のもとへ大学通りの桜並木を走って行ったことは今でも覚えています。

そこまでして入った高校時代ですが、大学生に交じって下宿生活をしており、バンド活動に明け暮れた退廃的な日々を過ごしてしまいました。もはや自力ではまともな人生を歩めないと思って浪人して入った学校が防衛大学校（防大）だったのです。

小学校から高校まで私服通学だった私が初めて大学で制服を身に着けました。常識がない私は、入学したころは大変でした。

防大生は敷地内の学生舎での集団生活が義務付けられており、８人部屋で生活します。各部屋で好きな新聞を購読しているのですが、まず、その新聞配達の仕事を命じられたのです。私の新聞配達のイメージは、外国の映画でよく見かけるような、自転車で新聞を庭にポンポン投げ入れていくものでした。そのイメージ通りに各部屋へポンポンと投げ入れていった私がどうなったかは想像にお任せします。そんな私も二学年になるころには防大生活にもすっかりなじみ、気が付くと下級生に厳しい嫌な先輩になっていました。

■転機その2　いざアメリカへ

防大を卒業し久留米市の陸上自衛隊幹部候補生学校へ進学した私は、このまま勉強や訓練に励んでエリートコースを進んでいくのが本当に自分の天命なのだろうかと悩みました。悩んだ末に下した結論は、自衛官をやめること。自衛官をやめることに上司や同僚からは反対され、それなりに苦悩したことは確かです。が、自分を変える、新しいことに挑戦していく、という念《おも》いのほうが強かったのですね。未来を自分で開拓する、という念《おも》いの方が。

その舞台に選んだのが、アメリカです。自衛官を退官した私は、1984年のロサンゼルス・オリンピックの年、テキサス州ダラスのとある大学院に留学したのです。テキサス州への日本人留学者は当時そんなに多くなかったので、珍しがられたとともに、この選択が私のその後の人生をダイナミックなものにしていくきっかけとなったのでした。

■転機その３　旅行会社立て直し

留学中に様々な交友関係ができ、視野が広がっていきました。そんな中で私に、アジア系の旅行会社を経営するチャンスが訪れたのです。台湾人の実業家が、元フライトアテンダントだった奥さんのために旅行会社を買収したのですが、経営は思うようにいかずマネージャーを探していたのでした。

その旅行会社の強みは、アジアの様々な国の出身者が集まっていることでした。アメリカ人スタッフは一人しかいない、そんな会社でした。ターゲットとしている顧客は明確で、英語の苦手なアジア各国の人たち。もともと取り扱い量も多かったので各航空会社からアジア向け航空券を安く入手できていました。

この会社をどう立て直すか。私はワクワクしました。テキサスというところは海外からのビジネスの受け入れにとても協力的な土地柄で、とても協力的な風土を持っています。

そして色々調べてみると大きな企業はマイノリティの会社に仕事の一部を発注するようガイドラインがあることを見つけました。

その旅行会社はまさしくマイノリティな企業だったので、私はさっそく、地元大手の半導体企業に日本拠点から出向している人にコンタクトをとり、営業に向かいました。狙いは的中、アジア各地に拠点を持つその会社は出張者も多く、アジアに強みを持つ旅行会社にとっては宝の山だったのです。ほどなくしてその会社からはアメリカ国内の航空券手配も任されることとなり、旅行会社は一気に黒字化しました。今では全米各地に拠点を持つ大旅行会社に成長しています。

■転機その4　不動産事業小口化ビジネス

テキサスはトラメル・クローなど、大手不動産ディベロッパー発祥の地であり、日本から多くの不動産や建設業の関係者が頻繁に視察・訪問に訪れていました。私はその通訳としてもたびたび同行させていただき、そのことがきっかけで日米の様々な不動産会社のトップクラスの方々と面識を持つことができました。

今は亡き私の父は建築家で、子供のころから父が製図台に向かう姿を見ていたせいか建物や不動産にはもともと興味がありました。不動産関係者と交流を深める中、不動産の新しいビジネスとしての「証券化」に、何かしらのひらめきといいますかワクワク感といいますか、これまでにない高揚感を覚えたのです。そして転職。その先は米国三井不動産販売でした。三井では主に不動産の小口化・証券化に携わることとなります。

私が三井を選んだのは、「縁」です。私が若かりしころ通っていた高校の理事長が三井不動産の江戸英雄会長で、三井財閥の番頭として戦後、マッカーサー司令官とやりあって三井の商号・商標を守った、その人の影響が大きかったのです。長い人生、どこかで何かがつながっている、今考えればこの時の選択は、そんな念《おも》いを深く感じざるをえない選択であったと思います。

私はその後、アメリカ最高峰の認定不動産投資顧問資格であるＣＣＩＭを取得して、会社のバイスプレジデントおよびブローカーオフィサーとして業務に励んでいました。

■転機その5　アニメの証券化ビジネス

私が三井にいたころは、日本ではちょうどバブル期だったこともあり、投資金額が百万ドルもする商品に投資家が殺到していました。同じ飛行機で複数の投資家が視察に訪れることも度々あり、そんなときは社員が手分けして物件を案内するなど、旅行会社での経験が大いに役に立ったものでした。

そうするうちにやがてバブルがはじけ、本業以外で稼ぐ必要が出てきました。そんな中で手掛けたのが、日本アニメの小口化投資商品の開発です。具体的には日本アニメの北米でのビデオ販売権を小口化して投資家を集めて取得し、字幕版と吹き替え版を制作販売するビジネスです。

かっこよく言えば、日本の文化を海外に伝えるビジネス。その黎明期だったのではないかと思います。なにせその当時、アメリカでは日本のアニメは流行らないと思われており、「ゴルゴ13」や「科学忍者隊ガッチャマン」などタツノコプロの作品が、アジアでの権利と比べてかなり安く購入できていました。

潮目が変わったのは1996年。『攻殻機動隊《こうかくきどうたい》』が、アメリカのビルボードでビデオ販売売上一位を記録したころからでした。「ジャパニメーション」という言葉が生まれるほど日本のアニメへの注目が高まり、私が取り扱っている日本アニメがどんどん売れるようになったのです。

■転機その6　日本文化をもっと世界に

その後は、バブルの終息もあり、不動産に関しては投資家の数がぐんと減り、ものすごい勢いでアメリカから撤退していきました。この流れを見ながら私も次の一手を手掛けるべく、三井を退職。日本とアメリカの懸け橋となるべく、日米間で十数社の取締役を務めながら、毎週のようにアメリカと日本を行き来する生活でした。

これまで培ってきた小口化投資の手法を駆使しながら、ショッピングセンターやホテルなどの複合施設の開発や、健康産業にかかわりました。その中で、縁を頂き、デザイナーの山本明美をパートナーとして、日本のおもてなし、和紙、竹・炭、行灯《あんどん》など日本の伝統的な空間デザインのすばらしさを共に再認識するとともに、日本人としての感性・感覚、そして精神性が、アメリカでも抵抗なく受け入れられていることを実感したのです。

この日本の文化をもっと世界に広げたい。

山本と共に、日米で長年培った経営と運営とデザイン開発力の生きたノウハウは、私が地盤とし第二の故郷とも言ってもいいテキサスの地で、付加価値の高い不動産開発やリノベーション、細やかなコミュニティサービスを提供するうえでかけがえのない財産となっています。こうした基盤の上に次に私ができうることは何か？　何をすべきなのか？

あたらしい未来を模索する日々が続きます。

■転機その７　東日本大震災と有難い「ご縁」

古くから使われている言葉で「合縁奇縁《あいえんきえん》」という言葉があります。その意味は、「人と人の関わりには気心の合う合わないがあるが、それもみな不思議な縁によるものである」という意味です。どんな人にもそれぞれの人生があり、それぞれ人との出会いがあり、それが因縁になって果報となります。私の場合も大小様々なご縁があり、今の私を形づくっていました。

東日本大震災の時（２０１１年（平成23年）３月11日発生）、私は米国にいましたが、どうしても被災地のお役に立ちたいと思い、その時の念《おも》いの強さが様々な「縁」を運んできました。

防大同期生で福島第一原子力発電所事故対処現地調整所長だった田浦正人氏とつながることができたり、ロサンゼルスでの震災チャリティーイベントを開催する際には、アメリカのソース王と呼ばれる吉田潤喜氏（ヨシダソース創業者・アメリカンドリームの体現者）に講演会演者として来ていただきました。吉田氏からはその経営哲学である「金儲けより、人儲け」や人間味あふれる熱いパッションに感動し、同氏の勉強会を運営する役目をその後お受けするようになるなど、その時以来、吉田氏には公私にわたり大変お世話になっています。吉田氏からは人として学ぶべきことが多く、とてもありがたいご縁だと思っています。

■転機その８　帝王學の学びの場

そしてさらに、ジャーナリストとして活躍しながら、「帝王學」という和魂洋才を学ぶ私塾を主宰している中野博氏との出会いは、その後の私の人生に大きな力をいただく出会いでした。中野氏のもとで学ぶうちに、氏が提唱する「和魂洋才の学問を礎《いしずえ》として世界をけん引していく力になろう」という理念に賛同し、2014年、中野氏の私塾（通称・中野塾）「信和義塾大学校ロサンゼルス校」の第一期生となりました。学びを重ねた私はその後ロサンゼルス校やテキサス校を任されることになるのですが、海外にいるととかく忘れがちになる「和の心」を覚醒させてくれる中野塾は、私にとって「次に何をすべきか」を教えてくれた、私の人生のターニングポイントともいえる出会いでした。

和魂洋才とは日本に古くからある精神を大切にしながら、西洋からの優れた学問や知識などを摂取し、よく咀嚼し消化して発展させていくという考え方です。

■転機その9　法隆寺「夢殿」で得た夢のメッセージ

中野氏とは兄貴分として行動させていただいており、テキサスでは「和魂ハウス」というLLCを設立し、有志による共同不動産投資物件の購入と運営の事業をスタートさせ、少しずつ拡大をしながら今日にいたっています。

その中野氏の学びの中で、大人の修学旅行ともいうべき京都・奈良で行った一泊二日の研修に参加したときのことでした。研修最後の訪問地、法隆寺の「夢殿」でお祈りをしている時でした。お堂に向かって手を合わせ、心を無心にして一生懸命に「念《おも》い」をお堂の中にいる仏様に伝えている最中でした。突然私の頭の中に、鮮明かつ強烈な３Ｄイメージが飛び込んできたのです。

それは、有志とともにテキサスに寺を建立することでした。そしてそのお寺を拠点にして「和魂」の教育や日本文化を紹介していく情報センターの役割を果たしていく、というイメージ映像でした。その研修が終わった後、中学時代の同級に善光寺僧侶がいるのですが、彼から別件で連絡をいただいた際に、早々に相談を持ち掛けたところ、喜んで協力すると快諾を得たのでした。

夢殿での体験はとても不思議な体験でした。いままで自分がこれから何をすべきなのか、悶々としていた時に、はっきりとした答えを「映像」で見ることができたからです。それ以来、私は夢殿で得た「夢」の実現に邁進している次第です。

■和魂コラム　神社仏閣で売っているものは何？

神社や仏閣は、古いところでは数百年から千年の歴史を持っています。そこまで長く存続できている理由は何だと思います？　それは神社や仏閣が人類の夢、人の夢を叶える装置だからです。神社や仏閣で何を売っているのでしょうか？　石鹸や洗剤を売っていますか？　違いますよね。

ちなみに、一番最初の大學ができたのは、どのぐらい前だか知っていますか？　1400年前です。法隆寺です。正式には法隆學問寺と言います。こんなに古くから大学を持つ国が世界中にどのぐらいあるでしょうか？　そして1400年前、聖徳太子が25歳～30歳までの間に、今の日本に通じる精神性の基礎のほとんどを作ってしまいました。今でも使われている「和」の理論を確立してくれたのです。

その法隆寺にあるのが「夢殿」です　なんとロマンチックな名前のお堂でしょう。日本中にいっぱいお寺はありますが、こんな「装置」はここ法隆寺だけにしかありません。法隆寺は聖徳太子の念《おも》いを伝えるお寺で「大學」です。聖徳太子の夢が世界でも類を見ない

「和の文明」を築いたのです。夢を叶える装置の魅力です。

■和魂コラム　天と会話できますか？

奉公《ほうこう》という言葉を知っていますか？　私利私欲を捨てて、主人や公のために忠誠を尽くして働くことを「滅私奉公」といいます。もし奉公という精神があなたの中に誠実と同じようにあれば、「私」を無くして「公」につくしたとき、「天※」が動きます。あなたが、あなたのために人生を使ったら天は動きません。蜂は蜂蜜をあなたたちのために作って、自分は食べていません。りんごの木はあなたたちのために実をつけている訳で、りんごの木はりんごの実を食べていません。でもあなたは自分の能力と収入は自分のために使っています。そういう人が大嫌いです天は。神仏との会話ができる人とできない人がいます。できない人は人間と人間の会話しかできません。できる人は木との会話もできまあす。言の葉と書く意味が分かりますか？　それは木と会話ができる人のことです。

※ここでいう「天」とは、目に見えない大きな力のことを象徴しています。

第一章

テキサス編

テキサスの象徴「ローンスター」
開発が進むテキサス州オースティン市
Bob Bullock Texas State History Museum にて

第二の故郷　テキサスのいま

■成長著しいダラス圏とヒューストン圏

私とテキサスとの関係は約40年以上になります。先ずはそのテキサス州について、最新情報を入れながら、拙著『資産家たちはなぜ今、テキサスを買い始めたのか？』および『なぜ、トヨタはテキサスに拠点を移したのか？』から抜粋してお話しします。

アメリカの都市圏における人口のランキングは1位ニューヨーク、2位ロサンゼルス、3位シカゴ、そして4位がテキサス州のダラス・フォートワース（以下、ダラス）で5位が同州のヒューストンとなっています。なお、外務省領事局政策課の「海外在留邦人数調査統計」令和4年（2022年）版によると、アメリカで日本人在留者が多い都市圏は1位ロサンゼルス、2位ニューヨーク、3位ホノルル、4位サンフランシスコ、5位サンノゼ、6位シカゴで、ヒューストンが12位でダラスが13位と、テキサス州各市は日本人にはまだ馴染みは薄いが、伸びしろは充分あると言えます。

ダラス都市圏は2010年から2019年の間に、134万9378人（1日あたり約370人）も人口が増加しており、2030年には900〜950万人になると試算されています。その半分以上が出生数の多さによる自然増なので、人口減少が当たり前の日本からみると羨ましい限りです。一方、上位3位までのニューヨーク、ロサンゼルス、シカゴは人口が減少傾向にあるので、このままいくと5〜10年の間にはダラスが人口で全米3位の都市圏となります。ダラス都市圏には13のカウンティ（郡）があり、200以上のシティ（市）やタウン（町）が含まれます。その面積は2万4059平方キロメートルにおよび、東京都全体の面積（2188平方キロメートル）の10倍以上となります。

■目覚ましいテキサスの経済成長

人口増加が著しいダラスとヒューストンを抱えるテキサス州は経済成長も素晴らしいです。テキサス州の名目GDP（総生産）は同州が独立国家であれば、世界9位に値するほど（カナダと同程度）の経済規模を誇ります。

アメリカはかつて政治・国際機関の中枢域である東海岸経済圏とカリフォルニア州を中

心とした文化とイノベーション創造域である西海岸経済圏の２軸で発展してきましたが、私はこれからのアメリカはテキサス州を中心とした南部経済圏を加えた３軸によって牽引されていくとみています。

■東海岸、西海岸の２軸にテキサスが加わる

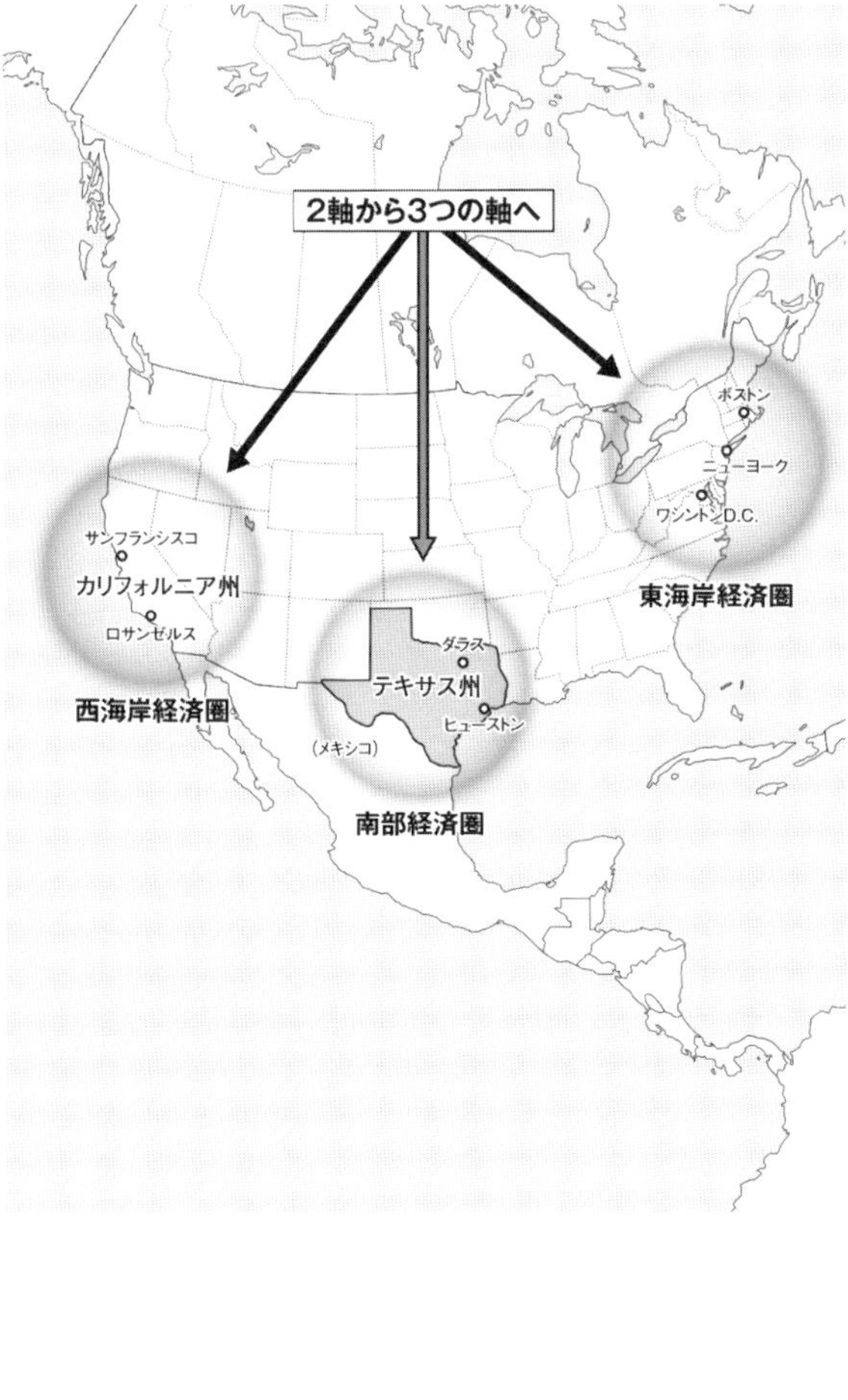

テキサス州の経済成長が著しい理由として、大きく3つの要因があります。

①地政学的な絶対優位性

地政学は、国家を地理的条件からみて軍事的・政治的・経済的発展を研究する学問ですが、国家については海洋国家（シーパワー）と大陸国家（ランドパワー）という見方をします。海洋国家は日本やイギリスなどで、アメリカも太平洋と大西洋に挟まれた海洋国家です。一方、大陸国家はロシアや中国、そしてドイツなどが該当します。

●テキサス州はメキシコ湾に面していて591キロメートルの長い海岸線を持ち、外国貿易高アメリカ最大のヒューストン港を含め11の巨大貨物船が入れる港があり、海を制しています。

●テキサス州は北アメリカ大陸の中央に位置しており、ダラスからトラックで24時間以内にアメリカ全土の37％、48時間以内に93％の地域まで到着できますし、鉄道総営業キロ数は全米一で、陸を制しています。

●ダラス・フォートワース国際空港は世界最大手アメリカン航空の拠点空港であり、旅客数で世界一のサウスウエスト航空もダラス・ラブフィールド空港を拠点とするなど、空を制しています。

以上のとおり、テキサス州は陸海空を制している上に、アメリカ国内においてアラスカ州に次いで面積が大きく、豊富な資源やエネルギーに恵まれています。

②圧倒的優位な税制

テキサス州は法人所得税率ゼロ（フランチャイズ税はあり）で州税と連邦税を合わせた法人税率は21％で、これは全米で最も低い税率となっています。州個人所得税率もゼロで、例えばカリフォルニア州と比較すると、州法人所得税率8・84％と州個人所得税率10・3％～13・3％とずいぶん異なります。ちなみにフランチャイズ税は、年間レシートが118万ドルから一千万ドルの企業に対してわずか0・375％で、118万ドル以下の場合は支払う必要がありません。

③住人に優しいインフラ

人件費や家賃および不動産価格が西海岸経済圏、東海岸経済圏に比べて安く、物価も安いですし、教育に力を入れているため公立学校のレベルが高く、学校施設も充実していま す。電気代やガソリン代などの光熱費もカリフォルニア州と比較するとかなり安いです。

■トヨタはじめ日本企業がテキサスに

全米、そして海外から大小さまざまな企業がテキサス州に拠点を移しています。日系企業としては、２０１７年にトヨタ自動車北米本社がカリフォルニア州トーランス市からダラス都市圏のプレイノ市へ移転しました。トヨタの関連企業の進出も続いており、２０１９年にデンソーがプレイノ市に研究開発センターを開設しています。

そのほか、三菱重工業が２０１６年にニューヨークからヒューストンに本部機能を移転したほか、日本製鉄も２０２１年に米国本社をニューヨークからヒューストンに移転しています。また、ＪＲ東海が技術支援するアメリカ初の新幹線プロジェクトが進んでおり、ダラスとヒューストン間の３７９キロ（東京〜名古屋間相当）をＮ７００Ｓ改良型が最大３２０キロ毎時で走る予定で、２０２６年頃の開業を目指しています。

■イーロン・マスクがテキサスに

２０２０年12月、世界一の大富豪でもあるイーロン・マスクがカリフォルニア州からテキサス州に移住してきました。彼の場合、圧倒的優位な税制を考えると、もっと早く移住してきても不思議ではありませんね。翌２０２１年10月、彼が率いる時価総額世界一の自動車メーカーであるテスラ本社をカリフォルニア州パロアルト市からテキサス州オースティン市に移す考えを表明しました。そして２０２２年４月に世界最大の工場（約３１４４万平方メートル）ギガ・テキサスを開所しました。

テスラ以外にもカリフォルニア州からテキサス州へ本社を移転する企業が相次いでいます。２０２０年にはオラクルがオースティン市に、ヒューレット・パッカード・エンタープライズ（ＨＰＥ）がヒューストン都市圏に、それぞれ本社移転しました。両社ともにシリコンバレーで創業した企業です。

■アメリカの成功者たちが続々テキサスに

そのほかにも、デル・テクノロジーズの本社はオースティン市にあり、ダラス都市圏には、半導体大手のテキサス・インスツルメンツの本社、通信大手のＡＴ＆Ｔの本部もあります。また、２０２２年にはＰＧＡ（ゴルフ協会）がフロリダ州からダラス都市圏フリスコ市へ本社移転しました。

アメリカのフォーチュン誌が年1回編集・発行する全米上位５００社の総収入に基づくランキング「フォーチュン５００」によると、テキサス州に本社を置く企業は53社がランク入りをしており、これは全米50州の中で1位です。ちなみに2位はニューヨーク州で51社、３位はカリフォルニア州で50社と続きます。

■イチ押しのテキサス不動産

このように人口が著しく増え続け、経済成長を続けているテキサス州の不動産はイチ押しです。カリフォルニア州では百万ドルを超えるような戸建て住宅が30～40万ドル台にて購入可能です。賃貸市況もよいので借り主を見つけるのも難しくはありません。リーマンショックの時もテキサス州の不動産の価格は下落せず、特に２０１１年（平成23年）から価格が順調に上昇しています。これは投資用ではなく実際に住むための実需に支えられた数字なのでバブルではありません。更に、テキサス州では賃貸人が守られています。例えば、カリフォルニア州は賃借人に優しく、家賃滞納者を退去させるのは容易なことではありませんが、テキサス州では警官を使って退去させるなどの法的措置をより早く取ることが可能です。

■売買に安心な仕組みがある

日本での住宅不動産取引の約90％は新築であり、中古住宅の取引は約10％に留まっていますが、アメリカでは新築住宅の取引が市場全体の約20％で中古住宅が約80％となっており、特にテキサス州では不動産の売買件数が多いので流動性もあります。

しかも、中古不動産が年数を経るほど古くなっていくのにもかかわらず、売買取引価格が上昇しています。アメリカでは新築の物件でも中古の物件でも良いものは良いという価値観があるからです。

アメリカではタイトル保険やエスクローなどの仕組みがあるので不動産取引の安全性が確保され、ＭＬＳ（Multiple Listing Service）による不動産取引情報の一般公開がなされていることで、不動産取引の透明性が高いです。

テキサスに来て考えてみた日本のこと

■一ドル札に見た「神の国アメリカ」

一ドル紙幣を見ればわかりますが、表は現実を表し、裏は神話になっています。裏側の図柄はとても奇妙な図柄です。未完成のピラミッドとその上には「目」が。とても奇妙な図柄です。そもそもアメリカとエジプトのピラミッドとは何のかかわりもないはずなのですが、アメリカは新しい国なので心のよりどころとして神話を求めたのですね。ピラミッドは強さと永続性の象徴として、ピラミッドが未完成なのは、米国は常に成長し、発展していくことを意味しています。これは友人のアメリカ人の受け売りですが。

一ドル紙幣を良く見るとピラミッドの上にある目がちょっと不気味ですが、これは「神」を表しているそうです。神の目を刻んで心の糧とする。この図柄はアメリカ建国のころにできたものですから、この図柄を作った250年前の作者は、建国の念《おも》いとその後の発展をピラミッドと目という特異な図柄にして後世に伝えようとしたのでしょう。

アメリカンドリームを実現させるために、普段は目に見えない「神」という存在を思い起こす。この一ドル札を見るとどこか日本人の信仰心にも似た心の目を見る思いがします。私にとってはアメリカに来た時の「初心を忘れるべからず」という意味もあります。

■天佑神助とシャカリキ

アメリカというのは「自由と夢の実現」ができる国です。アメリカンドリームという言葉が示す通り、夢の王国といってもいいでしょう。テキサスにきて大学で学び、その後数々のビジネスにも携わり忙しい毎日を過ごしていた、ただただがむしゃらに何かを吸収しようとしていた時代がありました。

精神的にも金銭的にも余裕はない時代でしたが、夢中になって、ある意味、損得勘定なして「話がきたら天命と思って受ける」「答えはイエスかハイのどちらかひとつだけ」という気持ちで。今考えれば、言葉もろくにわからない中で無謀といえば無謀なこともあったなと笑い飛ばせる自分がいます。

おかげさまで今、現在、たくさんの人脈ができ仕事の幅が広がっていったのも、当時から私の知らないどこかで誰かが私を見ていて、そのご褒美を今いただいているのかな、と思うことがあります。一ドル札のピラミッドの目の話をしましたが、そんな目を感じたことがあったからです。

「これは人じゃない、もっと高い位置から見ている誰かがいる」。そう確信したのは私が『帝王學』という學問をロサンゼルス校で学び始めたとき、中野塾長から「天が見ているよ」といわれた時でした。その時の話はこうです。

天の力は神佑天助、困難と思えることが実現する不思議な力。一つの事業をやるのも大変なのに三つ四つの複数の事業を同時に進めるのは難儀なこと。ましてや明治の偉人たちはゼロから幾千の事業を立ち上げ、今の日本の礎《いしずえ》を築いた。これには人力を超える推進力が必要だが、ここで使うのが「シャカリキ」だよ。

漢字で書けば「釈迦力」。そう、お釈迦様の力を使うという仏教言葉で、これを使うことができれば大きな仕事はなんでもできてしまうよ、と。私の尊敬する日本の大実業家渋沢栄一先生が５００社もの企業を作ったのも、冷静に考えれば一人の人力では不可能で、まさに神がかりなところがあったのでしょう。

我を忘れて「ガムシャラ」に誠意をもって突き進む。結果を見る審査員は人間じゃない、政府でもない、「天」が見ている。なぜか力が湧いてくる言葉でした。

■なぜテキサス人は日本好きなのか

私はテキサスが好きです。長年住んでいるせいもありますが、テキサスの人たちの日本びいきに居心地の良さを感じるからかもしれません。

なぜテキサスの人は日本びいきなのか。私なりに出した答えは「戦争つながり」でできた「信頼」と「信用」。もちろん日本とテキサスが一戦を交えたわけではありません。戦争という時代を通じて、日本人が民族として信頼できる、尊敬できる存在であることを、テキサスの人たちは後世に伝え続けていることを知ったときから、私はテキサスがとても好きになりました。そのエピソードをいくつかご紹介しましょう。

■国立太平洋戦争博物館

第二次大戦当時、アメリカの太平洋艦隊司令長官はチェスター・ミニッツ提督でした。ミニッツ提督が生まれたのはテキサス州のフレデリックスバーグ市で、ここには国立太平洋戦争博物館があります。この博物館には、太平洋戦争の歴史的資料が数多く保存展示されています。日本軍の真珠湾攻撃で使われていた特殊潜航艇と呼ばれる小型の潜水艇や水上戦闘機「強風」などが展示されています。「日本とアメリカ双方の立場での歴史をとらえる展示を心がけている」と、私が訪問した当時の館長さんが言っていましたが、その言葉に「お互いを理解する心」を感じたのを今でも忘れていません。

■平和日本庭園と東郷元帥書斎

興味深いのは、この国立太平洋博物館の敷地内に「平和日本庭園」があり、その一角に東郷平八郎元帥の書斎が再現されていることです。東郷元帥は日露戦争の際、日本海海戦でロシア艦隊を壊滅状態にしたことで有名ですが、ミニッツ提督は東郷元帥を「師」と仰《あお》いでいたのです。戦勝祝賀会にミニッツ提督が出席したところ、気さくで流ちょうな英語をしゃべる東郷大将に感銘をうけて親交を深め、ミニッツが「わたしは東郷元帥の大いなる崇敬者にして、弟子である」と書いた肖像写真が、横須賀で保存されている戦艦・三笠にありました。

■敵国でも尊敬する人をリスペクト

太平洋戦争ではお互い敵同士です。普通に考えれば「日本憎し」「博物館に日本庭園なんてとんでもない」という感情があって当然ですが、それはそれ、これはこれ。アメリカの英雄が尊敬した人物をリスペクトするのは、それがたとえ敵国の人間だったにせよ当然のこと、という意識がここテキサスにはあります。お互いを理解し合うこと、それこそ平和の象徴ではないか。こうしたいかにもアメリカンスピリッツらしいおおらかな寛容な雰囲気を日本から遠く離れたテキサスの地で感じることができる。これはある意味カルチャーショックでもありますし、日本人として和魂の原点をテキサスで気づかされる場所でもあります。

■日系アメリカ人部隊４４２（フォーフォーセカンド）

二つ目は、同じく第二次大戦中の話です。この話はヨーロッパ戦線で窮地のテキサス州兵を救った、日系アメリカ人部隊４４２（フォーフォーセカンド）の話です。

「テキサス大隊」と呼ばれるテキサス州兵を母体とする第34師団１４１連隊第一大隊が、フランスの山岳地でドイツ軍に包囲され絶体絶命の危機の状態にありました。この部隊を助けようにも強力なドイツ軍を前にしてなすすべがない、というときに勇敢にもこの任務に手を挙げたのが第４４２連隊戦闘団だったのです。この連隊は日系二世のアメリカ人で構成された部隊で、戦争時の当時は日系人は強制収容所に入れられ、迫害と差別を受けていた時代です。日本人をよく思わない時代ですから、日系人部隊の442（フォーセカンド）も消耗品同様の扱いで至難の作戦に投入されていました。そんな中での「テキサス大隊救出作戦」です。

■ひとつの「生」を別の「生」が死を覚悟して助ける

その損害は442（フォーフォーセカンド）にとっては悲惨なものでした。テキサス大隊211人を救うために日本人部隊が出した死傷者は約800名にも上ったのですから。この時の442の戦いは、アメリカ陸軍の十大戦闘に数えられるようになったほど、過激で壮絶なものでした。

戦後この話の詳細がテキサスに伝わると442（フォーフォーセカンド）への感謝とともに、日本人への感謝としてテキサスの人たちの心の中に刻まれ、今に至っています。

戦争に限らず、平和と思える現代でも不慮の事故や事件など普段の日常でも「生」と「死」が隣り合わせです。そんななかで、一方の「生」のためにもう一方の「生」が「死」を覚悟してこれを助けるということの意味と重さをかみしめる出来事が、この442（フォーフォーセカンド）の話です。

テキサスの人たちは、私たち日本人に心から感謝し、ともに平和であり続けることを望んでいるのです。

■きものを着て入管楽々パス　テキサスあるある物語

帝王學の学び仲間で世界に日本文化の和服・着物を広げていこうと活動している坂本洋平さんという方がいます。坂本さんは着物が持つ力を、ここテキサスで実感されたそうです。彼のエピソードが日常で和服を着ている私にも「あるある」でとても実感がこもっていましたので、少々長くなりますが彼の著書から引用させていただきます。


日頃から羽織袴スタイルで通している私は、所用でアメリカのダラスに行った時も、日本にいる時と同じように羽織袴スタイルで通しましたが、びっくりしたのは空港の入国管理官さんの対応でした。

入国審査で並んでいた私を、前の人が終わって「さあ私の番だ」と思った瞬間、

「カッモォ～ン」

と言って大きく手を振り「来いよ、待ってたぜ、相棒！」みたいなノリで迎えてくれたのです。他の人に対しては、粛々と無表情で時折り厳しい目線を送っていた人なのですが、私に対しては一転、まったく違うリアクションだったので正直面食らいました。

なぜかなと考えていたのですが、この身なりしか理由が浮かびません。以前ロスに行った時はごくごく普通の洋装で、その時の管理官さんはやっぱり〝普通〟に「無表情」でした。

入国審査は「ＯＫ！ＯＫ！」、ニコニコ笑顔でらくらくパスです。手荷物検査でも同じで、「日本人カイ？　イイヨイイヨ、行キナ（もちろん英語で）」と、それだけ。

いくらなんでもそれはないだろうと思いましたが、空港を出ると「日本人でよかった～」という感動と感情がどっと沸いたのを覚えています。そこで感じたのは、先人の方々のおかげで「日本人はこれほど信用されているんだな」ということでした。日本人が悪いことばかりしていたら、こんなふうにはならなかったに違いありません。

太平洋戦争中に行われた日系人の強制収容など、暗い過去もありましたが、それを払拭するくらいに現地の日本人の方が力をつくした結果、いまの日本像、日本人のイメージがある。ですから感謝しなければ、ということを痛切に感じました。

日本人としての誇り、羽織袴は日本人としてのアイデンティティそのものです。

「一流の人はなぜ着物を着こなせるのか」坂本洋平・中野博／著（現代書林）より

日本人であることのありがたさは、ここテキサスでビジネスをしている私にとってもヒシヒシと感じるところです。その恩恵は、坂本さんの言う通りアメリカに根をおろした大先輩にあたる日本人の方々の努力があってこそのもの。感謝以外に思いつく言葉はなく、共感するところばかりです。

そして、民族として日本人が「信用できる」「信頼できる」というのはそう簡単にできるものではありませんし、これを汚すことは許されない、という強い使命感が私にはあります。誠心誠意、相手のためにできることをとことんやる。当たり前のことが一番大事なこと、痛感です。

■消えてしまったリトルトーキョー

かつてアメリカ西海岸の主要な都市には日本人街区、通称「リトル・トーキョー」と呼ばれていたエリアがありました。ここはいわば日本人のコミュニティエリアでした。「でした」と過去形なのは、いまはほとんど存在しないからです。もちろん組織として「〇〇日本人会」とか「〇〇の会」といったコミュニティは各地で存在しますが、街としてそのアイデンティティを醸し出す場所というものはいつしかなくなってしまいました。

それはなぜかというと、もともと「リトル・トーキョー」と呼ばれていたエリアがいつのころから「チャイナ・タウン」に変わっていったからです。「リトル・トーキョー」は彼らに浸食され消滅してしまったのです。

その結果どうなったか。コミュニティ力が減ったせいで、現地の日本人の声が州政府やアメリカ政府に届かなくなったのです。つまりロビー活動が弱まり、それぞれの地域で抱える問題について、日米関係の政治的発言力も弱まり、影響力が弱まっていき、今やそれがなくなってしまったといえるくらい弱くなっています。一方で中国系や韓国系のコミュニティ力は結構強いものになってきています。

■ジャパンバッシング

この日本のコミュニティ力の影響力のなさは、将来、日本に住む私たちのこども世代や孫世代にまで影響が出てくると、私は心配しています。

「ルークさん、それはまさかないでしょ」

「それは現地で住んでいる人たちだけの問題でしょ」

という声が聞こえそうですが、まわりまわって日本本土にことが及ぶのです。

かつての日本、景気が良かったころ、こんなことがありました。高度成長期と呼ばれた時代に、例えば自動車をバンバン作ってアメリカに輸出していました。そのころアメリカの自動車産業は、フォードやＧＭがけん引していた時代ですが、日本からの安い自動車が大量に入ってきて大打撃を受けました。そんな時代に起きたのが「ジャパンバッシング」です。

今でもそうですが、日米には常に貿易摩擦という不治の病があります。これに対処していくには、新聞やテレビといったメディアが普段扱わない、政治的な水面下での動きをサポートする現地の強力な日本人ネットワークが必要なのです。いざというときに争いごとを回避するためにも、ひいては日本の良好な貿易環境を維持するためにも「縁の下の力持ち」は必要なのです。それが消えてしまっていることに危機感を覚えるのです。

■日本の弱点は現地コミュニティ力

日本は基本的に貿易立国なので貿易摩擦はある意味、宿命です。そのため日本のグローバル企業は、必然的に為替とアメリカの景気の動きに敏感にならざるを得ません。現地にいるからこそわかるのですが、海外進出する際に必要なビジョンや長期的な戦略と戦術を持たずにやってくる企業や、個人の方が非常に多いです。これでは現地で根を張っていくことはできませんし、現地と相互協力し合ってともに利を得ていくという関係構築も育ちにくい。そんな一面を多々見てきました。

グローバルなアメリカという土壌で、源平合戦のような一騎打ち戦法は通じません。現地に日本人コミュニティがしっかり活動できていれば、こうした関係づくりにプラスになり、その後の経済活動にも様々なサポートが受けられます。

■日本人の団結力を再建したい

現地にいて痛感することは、日本人の団結力が他国のそれを比べると非常に弱い、ということです。アメリカに来ている他の民族の人たちは、母国の政府、企業、そして人、三位一体でことに臨み、現地に浸透しようとするのに対して、日本人の場合は「孤軍奮闘」です。日本人の現地コミュニティが弱いせいでしょう。

また、これも他の民族の人との比較ですが、日本人の経営者や幹部の人、そして従業員の人は、アメリカのこの地に溶け込み、アメリカの人たちと一体になってその地域や社会に貢献していくという意識が弱いように感じます。それはなぜかというと、日本人として本来持っている農耕民族的なＤＮＡから意識を変えられず、いわば心の引きこもり状態を自分でつくってしまっているからだと思います。

「いまの仕事が一段落すれば日本に帰れる」

「駐在員としての任期を終えたら日本に帰るので」

という帰巣本能がどなたにもあります。それは持っていてもいいのですが、現地の人から見れば通りすがりの人にしか扱ってくれません。

■私のミッション「テキサスに善光寺を」

日米間には幕末のペリー来航以来、長い歴史と経済、文化の関係性があります。アメリカへの移民の歴史もあります。しかしながら、州政府含めてアメリカの政治、経済、マスコミなどに対する信頼関係は希薄です。

個人や企業にできることは限られています。プロパガンダ（広告・宣伝）については日本政府にもう少し腰を据えて本気で考えてもらいたいところでもあります。他国による日本人に対するプロパガンダや世論操作、政治工作などで悔しい思いをした日本人は私を含めて大勢います。大人だけでなく留学生も同じです。子供たちにも影響が及んでいるのです。

日本人にとっての「防波堤」がないという状態は、未来の日本を考えるうえで好ましくありません。アメリカンドリームを夢見る次の世代のために私がやれることは何か。私はこうした状況を変えるためにやれることはなにかを考えていたところに、法隆寺「夢殿」から降ってきたテキサスに善光寺を、のミッションでした（法隆寺夢殿での出来事については、あとの章で紹介することとします）。

私の故郷、信州長野の善光寺とテキサスを懸け橋する役目を仰せつかったわけですから、あとはやるだけです。「天」からの指令には「ハイかＹＥＳ」で応えるしかありません。私に新たな「志《こころざし》」を授けてくださった「天」に感謝です。

第二章

善光寺と信濃の國編

善光寺本堂

「善光寺と信濃國と天皇」

1．なぜ善光寺に人が集まるのか？

■ワールドクラスな善光寺の集客力

長野県長野市にある「善光寺」は年間約六〇〇万人の参拝者が、さらに六年に一度開かれる「前立御本尊御開帳」の年にはプラス六〇〇万人、計約千二百万人の参拝者が訪れるそうです。日本の総人口は約一億二千万人ですから、計算上では全国民の約一割がご開帳の年に善光寺を訪れていることになります。

この参拝者数の数字の凄さについては、日本では何も「善光寺」に限った話ではなく、他にも例えば「明治神宮」、「日光東照宮」、「浅草寺」、「熱田神宮」、「伊勢神宮」や古都京都・奈良の多くの神社仏閣など、善光寺クラスの場所はたくさん存在します。

ひるがえって世界を見渡すと、「キリスト教」「仏教」と並ぶ世界三大宗教の一つである「イスラム教」の総本山サウジアラビアの「メッカ」では、一年間に訪れる参拝者の数は約三百万〜四百万人だそうです。ですがメッカでは、1990年に約千四百人、2015年には約二千人という、とんでもない数の犠牲者を出した圧死事故が、大勢の人が集中し過ぎたことによって発生しています。

メッカのような世界的な聖地が、実は普段の善光寺の半分の参拝者数で、しかも巡礼者を捌ききれずに大事故を起こしているという事実、そのことを我々はどう捉えればよいのでしょうか？

実は日本は、年間参拝者何百万人クラスという「聖地」を多数抱えて、かつそれぞれに粛々と巡礼者を効率的かつ安全に捌いているという、世界に類を見ない宗教大国、巡礼大国なのだということが見えてきます。

■日本の交通インフラは「聖地」が造った？

実は日本の交通インフラ、特に鉄道網の整備は、辺鄙《へんぴ》な場所に位置する神社仏閣などのいわゆる「聖地」と、たくさんの人口を抱える都市部とを繋ぎ、多くの人々を「聖地」へ参拝させるために整備されてきたのではないか？　と思えるような面があります。

東京では、東武鉄道が「日光」へ、京王帝都電鉄が「高尾山」へ、京成電鉄は「成田山」へ、小田急電鉄は「大山・箱根」へ、大阪からは、近畿日本鉄道が「伊勢」へ、南海電鉄が「高野山」へなど、いわばその鉄道会社の基幹となる線がそのまま聖地と都市を結んでいて、他にも全国を回ってみると、ＪＲや地方の私鉄など多くの路線が巡礼者を運ぶ役割を果たしていることがわかります。

ちなみに旅行業界では、明治38年（１９０５年）に創業した日本最初の旅行会社である「日本旅行」は滋賀県の草津が発祥地なのですが、「高野山」「伊勢神宮」参拝の団体旅行を手始めに、やがては「日光」「善光寺」へ日本初の貸切団体臨時列車を運行したことで知られています。

日本の旅行会社のルーツも聖地巡礼から始まったのですね。

■日本人は聖地が大好き

もちろんそうした巡礼旅行の基盤となった風習は元々日本に存在しており、江戸時代には庶民の間でも「お伊勢参り」に代表されたいわゆる「聖地巡礼」旅行が盛んで、江戸時代のベストセラー十返舎一九《じっぺんしゃいっく》「東海道中膝栗毛《ひざくりげ》」の弥二《やじ》さん喜多《きた》さんは「お伊勢参り」に始まり、シリーズ化して作者自身、そして作中の主人公たちも信州を訪れて「善光寺参り」を行うなど聖地巡礼をポピュラーに楽しんでいる様が描かれています。

江戸時代当時の江戸町民の夢はまず「お伊勢参り」に行くこと、そしてよりお金に余裕がある層になると「伊勢神宮」からその足で「熊野」に向かい「熊野詣《もう》で」へ。さらに熊野の「那智の滝」がある「那智山青岸渡寺《なちさんせいがんとじ》」が一番札所となる「西国三十三観音霊場」巡りにも足を延ばし、最終三十三番目が岐阜県の「谷汲山華厳寺《たにぐみさんけごんじ》」になるので、そのまま中仙道を通って江戸に戻るか、もっとお金と時間に余裕があるお大尽になると、途中から船に乗って四国に渡り「四国八十八か所霊場」や「金毘羅《こんぴら》参り」を経由して元に戻り巡礼旅を続けるというコースが最高ステータスの旅になったそうです。

更に時代をさかのぼれば、平安時代「蟻の熊野詣で」と呼ばれた熊野巡礼が有名ですが、こうした日本人のレジャーとしての旅行の歴史は「聖地巡礼」の旅以外は存在しないと言ってもよいのかもしれません。

私たち日本人は「あなたの宗教は？」と聞かれたら、「無宗教です」と答える人が多いと思いますが、私たちは遠いご先祖様の時代から、巡礼旅という宗教活動を延々と行ってきた、大宗教集団であると言っても差し支えないのではないでしょうか。

今の日本で「聖地巡礼」といえば、アニメの舞台、映画・ドラマのロケ地などに多くの人が集まってブームにもなっていますが、本来の意味の、今では多くの場所が神社やお寺になっている「聖地」を、なぜ日本人は巡礼するのかといったことがわかれば、ビジネスチャンスも広がるのかもしれません。

2.「善光寺」の秘密

■善光寺の成り立ちに隠された秘密

日本には日本仏教というある意味独自の宗教が発達し、たくさんの仏教寺院があります。その中でも善光寺は特別かつ孤高の存在として、他のどの寺院とも違う異色の輝きを放っています。

まず、なんといっても、善光寺に「開祖」はおらず、本田善光《ほんだよしみつ》様は単に本尊となる仏像を運びお寺を建てただけです。どうしても開祖を探すとなると、直接お釈迦様になるのでしょうか。

善光寺の御本尊、「善光寺一光三尊像《いっこうさんぞんぞう》」の由来が直接、仏教の開祖である釈迦様のエピソードを持って、インドから百済《くだら》を経て渡来した仏像ということで、いわば日本仏教のルーツとなります。

「一光三尊」の意味は、一つの光を背景に、「阿弥陀如来《あみだにょらい》」「勢至菩薩《せいしぼさつ》」「観音菩薩《かんのんぼさつ》」の三尊が並んで立っておられる様から来ています。

この三体の仏様は、当然ですがそれぞれ日本最古の存在になり、中でも特に日本は「観音信仰」が盛んであるため、平安時代からの歴史ある霊場巡り「西国三十三観音」「坂東《ばんどう》三十三観音」「秩父三十四観音」計百観音を回った後は、それぞれ満願のお礼に必ず善光寺にお参りすることとなっています。

日本の観音様もそのルーツは善光寺になるのですね。

また善光寺は、天台宗と浄土宗で運営を担っていますが、基本的にどの宗派でもＯＫな無宗派の存在であること、更に善光寺の住職初代は聖徳太子の妻で蘇我馬子の娘でもある「尊光上人《そんこうしょうにん》」に遡り、以来現在まで１２１代、ずっと代々女性が、しかも天皇の血を引く方が「ご上人さま」として住職を務めておられること（のちに王城鎮護比叡山天台宗から派遣される住職「お貫主《かんす》さま」との男女並立になりますが）など、まさに善光寺は日本仏教総本山と言っても過言ではない存在になります。

■善光寺がなぜ長野県に？善光寺を作った渡来人グループ

しかしながら、日本にとってそのような特別な存在である善光寺がなぜ、日本の古い歴史の舞台であり都があった京都・奈良などの関西地方ではなく、歴史的には辺境の地である信濃國（長野県）に存在しているのでしょうか？

私たち日本の国にはもともと「縄文文明」とも呼ぶ文明が栄え、約一万年にわたって縄文人たちが平和に豊かに暮らしていましたが、やがて時代が下り、そこに大陸から様々な「渡来人」たちがやってきて融合し今の日本人になりました。実は長野県は縄文時代に最も繁栄し、日本の中でも最も人口が多かった場所でもあります。

そんな縄文文明の本丸とも言えるエリアに、ある渡来人のグループが関西地方から、水内（ミノチ）の里（現在の長野市のあたり）にやってきました。その渡来人グループの拠点があったのが今の大阪府の「河内長野市」のあたりになります。

長野県、そして長野市の語源はもともと善光寺があった「長野村」から来ていますが、更にそのルーツは、この「河内の長野」とも言われています。そしてその渡来人グループの正体は、馬と鉄、そして様々な呪術を操る「物部（モノノベ）氏」グループでありました。しかしながら後の藤原氏による歴史改ざんで、物部氏が善光寺成立の裏歴史、本来の姿と深く関わっていた事実は消されてしまいます。

仏教伝来のストーリーの中では「物部氏」は仏教伝来に反対して聖徳太子を擁する「蘇我氏」と戦った敵役になっていますが、本来は馬と鉄製武器を駆使する部族という事で、渡来人の中の最有力なグループであり、その拠点は筑紫（福岡県のあたり）・吉備（岡山県の一部）・河内（大阪府の一部）・信濃（長野県）などにありました。

また物部氏の祖は「饒速日命（ニギハヤヒノミコト）」とされていますが、饒速日命は、今の日本国の天皇の直接の先祖とされる「神武天皇」のグループが日本に渡来した際、既に先に日本に居て、関西地方を拠点に治めていました。

ちなみに「武士」のことを「モノノフ」と呼ぶのは「物部（モノノベ）」から来ていると言われています。

武士というのは、職業や階級ではなく、本来は戦《いくさ》に長けた「物部」氏族集団のことを指していたのでしょう。

表の歴史では、仏教を排斥して滅んだ物部氏ですが、物部グループの力なくしては今の場所「長野」に善光寺はなかったのかもしれません。

3. 渡来神はシナノを目指す

■シナノのシナはどこのシナ？

日本神話の時代にはまだ漢字がなかったので、ここからは信濃をシナノと書かせて頂きます。

シナノの語源について植物である「科《しな》の木」や、「シナ」に「級」の字を当てられたことから「級坂《しなさか》（「河岸段丘」が多い土地の意味）など様々な説がありますが、後付けの漢字に惑わされずに単純に音で考えれば「シナ」とは「秦」「支那」つまり、今の中国、チャイナを指す言葉になります。

古くからの長野県の地名で「シナ」の前に「埴（ハニ）」や「更（サラ）」などをつけて「埴科（ハニシナ）」「更科（サラシナ）」と呼ぶ地域がありますが、「シナ」という言葉に所縁のある渡来人が「シナノ」と名付けたと考えるのが一番無理のないように思えます。

ちなみに旧埴科・更科地区である現在の千曲市には「稲荷山」「治田（はるた）」という

地名がありますが、こちらは修験の霊山である「姨捨山（冠着山《かむりきやま》）」の麓にあり、稲荷信仰で治田（ハッタ）ということで、渡来人として有名な「秦氏」の根拠地でもありました。

ここの秦氏から分かれて四国の剣山へ向かった一族がのちの四国土佐の戦国大名長曾我部氏の祖となったといった伝承も存在しています。

■日本神話に見るシナノに来た渡来人と渡来神

あらためて、シナノに進出した渡来人について、日本神話の物語から分析してみますと、最初の有力な渡来者は諏訪大社の御祭神《ごさいじん》「建御名方命（タケミナカタノミコト）」グループになります。

そしてその前後に入ってきたのが、善光寺からほど近い場所にある「戸隠神社」の御祭神になっている「天八意思兼命（アメノヤオゴコロノオモイカネノミコト※以後略して「思兼命」と呼びます）」グループです。

建御名方命は、出雲の王様とされる大国主命（オオクニヌシノミコト）の息子とされるなど出雲直系の神様で、思兼命も饒速日命に随行した神様リストに含まれるので、こちらも出雲系のグループになります。つまりこれら出雲・物部のグループが早くから長野県に入り地ならしを終えていたため、後の善光寺を作ったチームもスムーズに信濃国へ誘導されたのでしょう。

ちなみに思兼命グループは、埼玉県秩父地方の「秩父神社」や東京都多摩市の「小野神社」に祀られているため、後に関東地方に進出したことがわかります。

日本の歴史上にある時期突然登場する「前方後円墳」、その時代を「弥生時代」と「飛鳥時代」の間の「古墳時代」といいますが、一説には前方後円墳はユダヤの民の「マナの壺」をかたどったものとされています。日本で最大のものは大阪府堺市にあるとされた「大仙古墳」いわゆる「仁徳天皇陵」ですが、この前方後円墳を作ったのも、もちらん渡来人のグループになります。

実はこの前方後円墳は関東地方にも多く存在しているため、渡来人が古墳時代から大挙して関東地方にも進出したことを示しています。関東地方は、大和政権の中枢があった関西に比べると、未開のフロンティアのようなイメージがありますが、後に平将門や鎌倉幕府を作った「坂東武者」の荒々しい姿は、まさに馬と鉄を操る騎馬民族であり、モノノフ・物部がルーツであることは間違いありません。

■シナノの秘密～戦に負けた神が最強の武神？

「古事記」の中に、出雲の神様である「建御名方命（タケミナカタノミコト）」が鹿島の神「建御雷神命（タケミカズチノミコト）」と出雲で戦ってコテンパンに負けて諏訪に逃げたという話があります。ですが諏訪の神は古来より「戦の神」「武人の神」として、武田信玄をはじめ、多くの戦国武将などから尊敬を集めていました。

普通に考えて、情けなく負けた神様を、戦場で命をやりとりする武人たちが有難く拝むでしょうか？

実は「古事記」は江戸時代中期に「本居宣長」が「発見」して「再評価」するまで、その存在はほとんど世に知られていませんでした。

そしてこの弱い建御名方命の逸話は古事記にのみ登場します。

おそらく古事記の作者は、最強の神に自分たちの先祖の神様が勝ったことにして箔をつけたかったのでしょうが、本居宣長以前はその甲斐はなく、諏訪明神が名実ともに、日本最強の神様として崇められていたのでした。

諏訪の神様最強伝説で有名なのは元寇の際の逸話です。鎌倉時代に「元」が日本に攻めて来たという危機に際し、諏訪明神が玄界灘に出動して大嵐を起こし、元の侵略軍を沈め撃退したという話が広く人々に知れわたっていました。

また時代が下って、江戸時代三代将軍家光の時に起こった「島原の乱」を鎮めたのも「諏訪明神」という話があります。島原の乱は今の長崎県の島原半島と、熊本県の天草諸島を中心に、キリスト教を信ずる民衆が起こした反乱ですが、幕府軍は膨大な手間と時間を費やして反乱を鎮圧しました。

反乱を起こした民衆はほぼ皆殺しになり、キリスト教を信じて降伏せず死ぬまで戦うその姿に、時の為政者の恐怖は大変なものであったようで、反乱鎮圧後にその再発を防ぐために、1634年長崎に諏訪明神を勧請し西の地を鎮めるという意味を込めて「鎮西大《ちんぜいたい》社諏訪神社《しゃすわじんじゃ》」が造られました。

そして毎年旧暦9月9日に行われる「おくんち」祭りは、龍をかたどった出し物が披露されるのですが、この「諏訪」「龍神」「九」というキーワードがとても大事になってきますので、覚えておいて頂きたいと思います。

ここまで「諏訪明神」という言葉で諏訪の神様を表現してきましたが、「諏訪明神」=「建御名方命」ではないことにお気づきでしょうか?

確かに「建御名方命」は諏訪大社の御祭神ですが、「諏訪明神」は年に一回の出雲への神集いも、その体があまりに巨大すぎて大変だから参集免除になったお話などがあって、もはや人の姿をしていません。

「諏訪明神」とはある意味、「建御名方命」と「諏訪の龍神」が合体した存在なのです。

4. 龍神は縄文の神

■全国に残る九頭龍信仰

長野県の戸隠、神奈川県の箱根、東京都の奥多摩、大阪府と和歌山県の県境にある葛城《かつらぎ》修験犬鳴山《しゅげんいぬなきさん》、京都市八瀬、福井県の九頭龍川など各地で祀られる「九頭龍権現《くずりゅうごんげん》」という存在があります。

実は「九頭龍」の語源はもともと「国津（クズ）」から来ています。

戸隠に残る古文書にも「九頭龍」のことを「国頭大神」と書いたものがあるそうです。

「クズ」とは「国津の民」という意味で、日本古来の土着の民を指す言葉でもあり、それはまさに「縄文人」を指す言葉になります。

吉野葛で有名なくず粉、くずもちなどとてもおいしいですが、葛は縄文の頃から存在した縄文人も愛した食べ物だったのでしょう。その縄文人を司っていた霊的な存在が「国津龍（クズリュウ）」であり、渡来人たちが日本各地で目指した目的地とも繋がってきます。

日本列島そのものが龍の形をしているなどとも言われますが、そんな日本各地の聖地と呼ばれる場所では、大きなエネルギーのうねりが、龍の形となって見えたのかもしれません。

そういえばインドのサンスクリット語で龍のことを「ナーガ」と言いますが、ナガノの地名の由来は、この「ナーガ」から来ているのかもしれません。

■戸隠の九頭龍権現と思兼命ファミリー

戸隠神社の御祭神は以下のとおりです。

・奥社　天手力雄命（アメノタジカラオノミコト）

・九頭龍社　九頭龍大神（クズリュウオオカミ）
・中社　天八意思兼命（アメノヤオゴコロノオモイカネノミコト）
・火之御子社　天鈿女命（アメノウズメノミコト）
・宝光社　天表春命（アメノウワハルノミコト）

実は、古事記ではなく、秀真出伝（ホツマツタエ）では、九頭龍大神を除く他の神様はすべて家族神になります。

思兼命は伊弉諾命（イザナギノミコト）と伊弉冉命（イザナミノミコト）の第一子稚日霊女命（ワカヒルメノミコト）と結婚し、天手力雄命、天表春命、天下春命（アメノシタハルノミコト）が生まれます。

本来、火之御子社は日之御子社であり、思兼夫婦が養育した天忍穂耳命（アメノオシホミミノミコト）と、その妻で思兼命の妹である栲幡千々姫命（タクハタチヂヒメノミコト）、また思兼命の父神である高皇産御霊命（タカミムスビノミコト）が祀られ、実は天鈿女命ではなく天采女《あまのうねめ》と記されていて、稚日霊女命が隠されていました。

こうなってくると「古事記」的な天岩戸神話と戸隠は全く関係なくなってしまいます。

思兼命ファミリーは家族総出で戸隠へ来て、地主神の九頭龍権現と何をしていたのでしょうか?

おそらくこちらも諏訪明神と同じく、縄文由来の龍神パワーを渡来人が獲得すべく乗り込んできた、そんな痕跡が神社の御祭神として残っているのではないでしょうか。

■山の神と縄文人

縄文人は、住まう土地の山の神様に、生殺与奪《せいさつよだつ》すべてを委ねて生きていました。

実は、本来の縄文人には、意味を成す言語はなく、アーとかウーとか発声するだけでコミュニケーションをとっていたと言われています。つまり縄文人は感情やフィーリングをそのまま声に出し、それはいわゆる言語ではないため、論理的な思考のない、左脳を使わないコミュニケーションを行っていました。このため、右脳が最大限活用され、直感(いわゆる神のお告げ)だけで生きていけた時代だったのです。

争いのない一万年に及ぶ平和な時代が続いたのは、その土地の存在・神様に繋がる役割を持った女性がいて(縄文の女性はすべてそうだったかもしれません)、無意識の領域に繋がったすべて完全なところから情報を降ろしてきて差配されるので、男性は女性の指示に従うのみ、無条件に言う事を聞いて動けば全てが上手くいく世界、それが縄文時代なのでした。

ですがこの時代は「個人」はまだ分離せず、そのグループ「全体」の意識しかありませんでした。

イワシの大群が一瞬で向きを変えて動くようなテレパシーのようなもので繋がっていて、個の意識、いわゆる「我」が存在していませんでした。

ですので、今の私たちからすると縄文時代は、すべてが完全であり失敗する不安がない代わりに、「個」の意識に基づいて自由に選択したり行動することがない、ある意味、全然面白くない世界だったのかもしれませんね。

そんな日本の縄文の世界に、「個の意識」、「言語」「論理」など左脳を使う「渡来人」が入ってきたのでした。

■すべての答えは「修験道」にあり

日本には古来より、白装束で法螺貝を吹き、山に登ったり滝に打たれたりして修行する

「修験道」というものがありました。

ウィキペディアで「修験道」と検索すると、

『修験道は、森羅万象に命や神霊が宿るとして神奈備《かむなび》や磐座《いわくら》を信仰の対象とした古神道に、それらを包括する山岳信仰と仏教が習合し、密教などの要素も加味されて確立した。日本各地の霊山を修行の場とし、深山幽谷に分け入り厳しい修行を行うことによって功徳のしるしである「験力《げんりき》」を得て、衆生の救済を目指す実践的な宗教でもある。

この山岳修行者のことを「修行して迷妄を払い験徳を得る」修行して その徳を驗《あら》わす」ことから修験者、または山に伏して修行する姿から山伏と呼ぶ。修験とは「修行得験」または「実修実験」の略語とされる。』

との説明が出てきます。

つまり修験道とは、日本固有の「山岳信仰」と渡来の仏教、特に密教と融合したもの、その修行の結果「験力」というある種の超能力を得ようとするものになります。ですがそもそもこちらで言う「山岳信仰」とはもちろん、縄文人が信仰した山の神であり、まさに龍神的存在になります。

5. 世界の神々は日本を目指す

■日本にやってきていた原始キリスト教・古ユダヤ教集団

渡来人を語る際にどうしても避けて通れないのが、いわゆる「日ユ同祖論」というものです。

淡路島を拠点に活動される旧約聖書研究家、御年94歳藤森三千雄先生から伺った話をまとめますと以下のようなものになります。

・「預言者イザヤ」に神が与えた使命が、ユダヤ12支族の中でも、特に神より指名されたダビデ王の直系である「ユダ族」を長として、バビロン捕囚された他のユダヤ一族もまとめて日本へ向かえというものだった。

・「イザヤ・ナギード（ナギードは王という意味）」が訛って「イザナギ（伊弉諾）」になった。

・イザヤが直接率いたユダ族は海ルートで琉球から鹿児島に上陸し、四国を経て淡路島へ、その他はシルクロードを経て大陸を横断し、朝鮮半島経由で日本へやってきた。

・朝鮮半島経由の先着組が「出雲族」に、琉球・鹿児島経由組が「天孫族」になった。
・イザヤの娘が処女受胎し、神の子を産んだ。これが日本の天皇のルーツになった。

といったもので、実は淡路島では「イスラエル遺構」が存在し、こうした日ユ同祖論の話が、地元では皆が知るあたりまえの話となっています。

また藤森先生のご縁で私たちも、「淡路一之宮伊弉諾神宮」の本名孝至《ほんみょうたかし》宮司にお会いして興味深いお話をたくさん聞くことができました。その中でも「世界の神話は別次元のファンタジーですが、日本の神話は、私たちのご先祖様の実際の歴史です。」というお話がとても印象に残っています。

実際、伊弉諾神宮は、伊弉諾命の陵墓の上に建っているそうですので、淡路島の人たちは代々その記憶も守ってきたのでしょう。

■世界の神様のハイブリッドが今の日本神道

ところで、日本にある神社の中でも一番数が多い神社は何神社でしょうか？

神社本庁が調べた「全国神社祭祀祭礼総合調査」によると、

1位　八幡《はちまん》信仰
2位　伊勢信仰
3位　天神信仰
4位　稲荷信仰
5位　熊野信仰
6位　諏訪信仰

の順となり、いわゆる八幡神社が一番多いという結果になります。

ですが、古事記や日本書紀というういわゆる私たちの日本神話の世界で、「八幡」様という存在はどのようなものになるでしょうか？　普通に考えれば、天照大神を御祭神とする伊勢社が一番多くても良いのに、なぜに八幡神？ですよね。

これも藤森先生が答えを出されており、「八幡（ヤハタ）神」は、キリスト教でいうところのいわゆる全知全能の神「ヤハウェ」とか「エホバ」と呼ばれる存在で、ヘブライ語の本来の意味と発音では「ヤッハーバー」になるのだそうです。

実は善光寺にも以前は八幡神が祀られていて、その痕跡は「善光寺」の扁額の中に隠された鳩のシンボルとして残っています。更に言えば、ランキング4位の「稲荷（イナリ）神」

についても、こちらはイエスキリストが磔刑になった際の十字架の上に掲げられた看板に書かれた頭文字「ＩＮＲＩ（IESVS NAZARENVS REX IVDAEORVM：ユダヤ人の王、ナザレのイエス）」から、「インリ」が訛って「イナリ」になったと言われています。

八幡社も稲荷社も、渡来人である秦氏が造ったと言われています。

秦氏は聖徳太子を支えて様々な先進的な政策を進めたことでも知られますが、厩で生まれ、大工の神さまとされ、また四箇院《しかいん》という慈善・福祉施設を作るなどしたキリスト的なエピソードで形作られた聖徳太子は、秦氏のプロデュースによるところとも言われていま す。

日本の稲荷信仰総本社である京都の「伏見稲荷大社」は、弘法大師空海と関係が深いことで知られていますが、空海は唐に渡り「真言密教」を極めるとともに、「景教《けいきょう》」も学んできたと言われています。

景教はいわゆるキリスト教ネストリウス派になります。

山伏の服装は「ラビ」「生命の樹」、神社の造りは「幕屋《まくや》」、お神輿は「契約の箱」、赤い鳥居は厄除けに門扉を羊の地で塗った故事から、湯立て神事も血で清めた故事から、などなど、また、伊勢神宮などにイスラエルのシンボルである「六芒星《りくぼうせい》」が隠されている話など、私たちが、日本固有の神様、神事と思っている今の「日本神道」は、そのほとんどがユダヤ由来のものと言ってもよいのでしょう。

■ヒンドゥーはシンドゥー

もう一つ、今度はインドで学校を経営されている知り合いのインド人の先生から教わった話なのですが、インドの国教ともいうべき「ヒンドゥー教」について、実は「ヒンドゥー」の発音は訛ったり古い発音だと「シンドゥー」になるそうで、「日本とインドは実は同じ「シンドウ（神道）」を信じているんですよ」と言われました。

確かに両者とも同じように八百万の神々といったたくさんの神様が存在していますし、私たちは仏教の一部だと思い込んでいますが「金毘羅」、「歓喜天（ガネーシャ）」、「帝釈天」、「弁財天」など、たくさんのヒンドゥーの神様を熱心に崇拝しています。

熊野信仰もインドから鷲に乗った神様が九州に上陸して熊野へやってきたり、牛を聖なる存在とするのはヒンドゥー教ですので、「牛にひかれて善光寺参り」というエピソードもそちらから来ているのかもしれません。

■密教は仏教ではない？

仏教とは、紀元前５００年頃、今から二千五百年ほど前に今のネパールで生まれてインドにおられたお釈迦様が語ったお話がベースになって成立した宗教になります。

私たちは「密教」というと、最澄の天台宗や、空海の真言宗をその仏教の一派としてとらえています。ですが果たしてこれら密教は、お釈迦様と関係あるのでしょうか？

密教で行う護摩焚きはヒンドゥー教の「ホーマ」であり、そのルーツはゾロアスター教などにたどり着きます。実はイエスキリストは若い頃、死海を見下ろす丘の上にあったエッセネ派・クムラン教団という集団に所属して修行をしていたという噂があります。そこで行われていた修行はまさに「密教」だとか。

実は「密教」とはそのルーツは古代エジプトに遡り、さらには「アトランティス文明」の叡智から来ているという話があります。日本に伝わった密教は仏教の一部になっていますが、欧米に伝わったものはアメリカで１９００年代の「ニューソート運動」として「引き寄せの法則」「願望実現の法則」が流行し、それがまた現代にそのまま「ザ・シークレット」として甦っています。

ある意味密教は、宇宙の法則を明らかにして、言霊、呪文、神秘図形、印という手の形などを使って、とてもロジカルに分析し、左脳的、男性的なものです。

それに対して日本の縄文文明は、直感的で右脳的、女性的です。

密教がアトランティス由来とすれば、縄文はムーとかレムリアといったところがルーツなのかもしれません。その両者が日本で融合したとなればまさに日本は世界でも神秘的で特別な場所と言えるのではないでしょうか。

6．世界でも稀な日本人パワーの源「天皇」の秘密

■日本人は「祈りの力」の天才

最近の研究により、「祈り」で病気を治すといった事例が多数報告されているそうで、村上和雄筑波大教授のサムシンググレートの存在、祈りの力の解明など、またアメリカの大学では祈りの力で病気を治す実験などが伝えられています。

ですが、江戸時代まで日本人はあたりまえに「祈り」の力で病を治していました。

明治政府に神仏分離の象徴として禁止された「修験道」で約20万人の「山伏」が失業したそうですが、実は山伏は単に修行だけしていたのではなく、村の子供が熱を出した、おなかを壊して寝込んだ、となった時などすぐ呼ばれて「加持祈祷」して治していました。

山伏が医者の代わりに祈りの力で病気を治していた時代があったのです。

しかし明治以降は非科学的ということで、そうした行為は禁止されてしまいました。

■天皇家と戸隠・飯縄

善光寺は天皇勅願の寺として、天皇血筋の女性が代々住職を務めてきたのは既に述べましたが、その善光寺の神奈備山《かむなびやま》的存在として並び聳《そび》える戸隠山と飯縄山に入って修験の復興に努めた女性行者がいました。

ちょうど飯縄山と戸隠山の間の越水という場所に「公明院《こうめいいん》」というお寺があります。こちらは昭和18年から昭和45年まで、戸隠に庵を結び修行した女性修験者「姫野公明師《ひめのこうめいし》」が開いた修験道のお寺です。

姫野公明師は、天皇家の血を引く存在と噂され、実際に京都の浄土宗総本山知恩院に隣接する善光寺大本願京都別院「得浄明院《とくじょうみょういん》」にて明治天皇叔母尼公《にこう》より剃髪を賜り、その後天皇家直属の修験道機関とも言える門跡寺院「聖護院《しょうごいん》」庇護のもとに、修験道開祖役行者直系の岡山県児島修験「五流尊龍院《ごりゅうそんりゅういん》」で修行され、激動の第二次世界大戦のさなか戸隠に入られました。

公明師が見せた数々の霊験は、今でも地元戸隠で語り継がれており、戦後も時の総理大臣をはじめ、たくさんの政財界の重鎮が足繁く戸隠に通ってきたそうです。ちなみに善光寺から戸隠に上がる「バードライン」は公明師の鶴の一声で建設が決まったとか。

公明院には「久邇宮《くにのみや》」「梨本宮《なしもとのみや》」二つの宮家がサポートに入っていましたが、公明師が戸隠に入られた同じ頃、公明師の本山でもある岡山の五流尊龍院《ごりゅうそんりゅういん》に、明治の元勲「大久保利通」が暗殺された際に乗っていた血染めの馬車が東京の大久保邸から運び込まれるなど、不思議な動きが見られています。

■飯縄権現《いいづなごんげん》は高尾山から日本を護る

実は2021年の東京オリンピックが開催された際に、オリンピックシンボルが東京都庁と高尾山に同時に設置されました。この話を、そちらの世界に詳しい事情通の方に聞いたところ、やはり実際に霊的に重要な意味があって、特に東京オリンピック期間中は全国で祭りを絶やさないようにと、ある筋からお達しもあったとのことでした。

高尾山も修験の山として有名ですが、実は高尾山に祀られるのは、善光寺の神奈備山でもある飯縄山の神「飯縄権現」になります。「飯縄権現」的には、飯縄山が奥宮で、高尾山が里宮になるのでしょうか。

さらに、昭和天皇の武蔵御陵、大正天皇の多摩御陵は、高尾山のすぐ近くにあります。ある意味、今の天皇家の陵墓を霊的に守護しているのは高尾山にある飯縄権現であり、飯縄権現という神様のお力をしっかりと利用され活かしているのが、今の日本国を陰ながら支えている存在の方々なのかもしれません。飯縄権現は室町時代、戦国時代など、勝利の神、願望実現の神として広く崇拝された神様ですが、今でも高尾山の神様として鎮座し、首都東京、そして日本を護っている存在になっています。

ちなみに今上天皇陛下は登山を趣味とされておられますが、修験道の聖地となっている山へ行くとたいてい「皇太子殿下」「浩宮さま」が来られたことを示す碑を目にします。

今上陛下も、隠された意味があって「登山」を趣味にされているのかもしれません。

■祭祀を司る天皇の存在

日本国における「天皇」の存在は、他の国と比べるととても特殊な存在になります。

中国などは「易姓革命《えきせい》」と言って、それまで支配していた「皇帝」は力が弱まると、追放されたり殺されたりと完全に排除され、全く新しい「皇帝」がとって代わります。それに対して日本の天皇は、その「血筋」を絶やさぬように全国民から大事に守られ、常に尊敬されています。

でもこの天皇のへ無条件な尊敬、天皇の権威はいったいどこから来るのでしょうか?

旧約聖書研究家の藤森先生が語る「天皇は、その祖先であるダビデ王が神様から、この世の終わりまでお前の子孫を王とすることを約束された存在である。」とするならば、私たちそれぞれの祖先もそのことを認識していて、それが今に至るまでずっと無意識にリレーされ繋がって来ているのかもしれません。

天皇は特別な存在ですが、やっていることはただ「祈る」こと。この「祈る」という行為がやはりとても大事なことなのでしょう。

「政」と書いて「まつりごと」と読みます。

渡来人のリーダー的存在であった天皇の祖先は日本にやって来て、積極的に各地の縄文の神、龍神として表現されるエネルギーと交流して融合し、その結果として今の日本が造られました。

過去の様々な歴史を経て、日本人に自然と備わった力が、まさに「和魂」だと思います。

天皇陛下が祈ることを仕事にされるのであれば、私たちは実際にどんどん動くことが仕事なのかもしれません。

7. あらためて善光寺の秘密について

■シナノのエネルギーと善光寺

何百年にもわたって日本にやってきた「渡来人」たちは、「龍神」と呼ばれる日本国土固有のエネルギーを活用すべく、そのエネルギーが存在する場所を聖地として整備し繋いできました。その具体的な例が聖地巡礼の旅でもあり、その交流を促進するために交通網も整備されてきました。

長野県は地質学的にも、「フォッサマグナ」や「中央構造線」が交差する特別な場所です。「九頭龍」という存在が信州の諏訪や戸隠に、他にも「権現」や「明神」と呼ばれるようになった存在が鎮座する聖地に、そのエネルギーを活用するために、神話時代の神様や渡来人たちがやって来ましたが、その流れの中で仏教という新たなエネルギーも例外ではなく、それを日本国土と繋げるためにできたのが「善光寺」という存在なのでしょう。

実際に今の善光寺に毎年何百万の人が訪れていることがその結果であり、パワーの強さの証明になります。

■善光寺は融合・和合の象徴

善光寺は、日本仏教のルーツ、仏教伝来とともに日本にやってきた仏像が鎮座するお寺です。また善光寺住職は、男女の2トップです。ロジカルなものと情感的なもの、右脳的なものと左脳的なもの、女性的なものと男性的なもの、相対する別のものが融和し融合することが人類の進化を促進させるのかもしれません。

1998年、世界に善光寺の鐘が鳴り響き、長野オリンピックが開かれました。過去にノストラダムスの大予言「1999年に人類が滅亡する」というものがありましたが、もしかしたら、その予言が成就するのを善光寺が止めたのかもしれません。

だとしたら、なんと素晴らしいファンタジーだと思いませんか？

■善光寺と昭和天皇崩御前のあるミッション

最後に、善光寺と天皇陛下に関するエピソードを紹介させて頂きます。

昭和天皇が崩御されるに際し、いよいよ最後を迎えるかもしれないが、事情があって「しばしその時を伸ばしたい」と宮内庁から比叡山にご病気平癒祈祷の極秘ミッションが入ったそうです。

比叡山大阿闍梨酒井雄哉《ゆうさい》師は、そのための「祈願札《きがんふだ》」の製作を、当時善光寺大勧進副貫主であった小松玄澄《げんちょう》師に託したそうです。小松師は「御悩平癒」と揮毫《きごう》したお札を作り、そのお札はそのまま昭和天皇の枕元へ備えられ、酒井師が祈祷に入りました。

無事にそのミッションはかなえられ、ある時を過ぎて昭和天皇は崩御されましたが、皇太子殿下（現上皇陛下）のご希望でそのままそのお札は昭和天皇の棺に入れられて、今も一緒に埋葬されているそうです。

私たちは、たくさんの見えない力によって守られています。

真に有難く、感謝いたします。

第二章

和魂編

和魂とは日本人の精神性を表した言葉です。この和魂はどうやって培われてきて、それがどう今に息づいているのか。ここでは「帝王學」を広く一般に指導している中野博の講義の中からそのエキスをご紹介しましょう。

未来生活研究所／中野塾主宰　中野博（なかのひろし）

帝王學とナインコードで切り拓く未来
中野博が指導するリーダー学校『中野塾』

■帝王學で学ぶ生き方の基本「天地人三才」

「はじめに」のところでも触れていますが、倉石さんは中野塾で「帝王學」を学び、経営者としてそれを実践してきました。この学問、一体どうゆう内容なのかを簡単にご説明します。

この學問は聖徳太子の時代からある、リーダーになるための學問です。そのルーツは数千年前の中国の様々な思想から始まり、インド由来の仏教など宗教的な教え、賢人たちの教えが長年にわたって日本のなかで醸造され、育まれ、伝えられてきました。この学びはリーダーがさらにワンランク、ツーランクあげてこの国を救うための學問でもあります。

ですから自分のご商売とか、自分のやっていることだけが良くなればいいと思うだけのものではありません。もちろんそれも含まれていますが、これは目的ではなくて、あくまで手段の中にいくつか入ってくる、という考え方です。

この学びのなかでまず学ぶのはこれです。

「天地人三才」

つまり「天の時《とき》、地の利、人の和」です。これをもとに

・人間はそもそも何のために生まれてきたのか？

・あなたがどんな目的で、どんなミッションを達成するために生まれてきたのか？

を考えて実践していく生きた学びです。これらは、事業をおこなっている人、もしくは独立を考えていて新たにビジネスを興す人に大事な、より良く生きるための総合學問とも言えます。

そしてこの学びの到達点は、学びを実践することで「何人の人を救えたか」「何人の人を幸せにできたか」です。理屈だけ学んで終わり、頭でわかったからそれでいい、ではなく、実践が重要です。これを日本国内だけでなく海外の仲間とともに切磋琢磨しているのが「中野塾」なのです。

■天の時《とき》は先見の明なり　「時読《とき》み」という學問

天の時《とき》の時というのは、「時の流れ」と考えていただいてよいです。時流を読む、とい

うことですね。これから世の中はこんな流れになる。だからこんなことが起こる。そのためにどんなことを準備しておこうか。というように「いつ何をするのか」という未来志向を学びます。

もちろん、それ以外にも国の歴史、どのような成り立ちでこの国はできたのか？　そして、この日本に生まれた我々は一体何をするためにここいるのか？　そして何を私たちは知らなかったのか？　私たち日本人はなぜ「勇気」「道徳心」を失ってしまったのか？……ということも学びます。こちらの方は「反省思考」と名付けています。

「未来志向」と「反省思考」。その学びの内容は学校で習っていないことが多いので、塾生自身、知らないことが多いかもしれません。いやむしろ知らないことばかりでしょう。中には自分が知っていることとこれまでの経験や知識と内容が違うこともあるでしょう。でもそれらを全部受け入れて、最後は正しいと思うことを「自分で考え、自分で決めて、自分の責任で実践する」、そういう教えです。そしてこの根底にあるのが「和魂」なのです。

■和魂とは何か?「WAKON®」はおおらかさ

和魂とは文字通り「和の精神」のことです。では「和」とは何かということですが、ごく簡単に言うと「おおらかな心」と私はとらえています。

何がおおらかなのか。

それは、簡単に超わかりやすく言うと「なんでもあり」ということです。日本の得意技は、**なんでもガチャ**(いろんなものを集めて新しいものを生み出す力)。例えば結婚式は教会で十字架の前で愛を誓い、子供ができれば神社にお参りして祝詞《のりと》をあげてもらい、お葬式は仏教式でお坊様にお経をあげてもらう。これは人生イベントガチャです。

食のほうでは和食、洋食、中華、韓国料理などなど、どんな国の食文化もいつの間にか一般家庭の食卓の一部になっている。これは食いモンガチャです。

日本の文化と海外の文化を一つにして今風の文化にしてしまう柔軟性、懐の深さ、許容範囲の広さ、アレンジ力。これが日本人の一番得意なことなのです。ビジネスでもそうです。コンビニビジネスなど海外からある新しいビジネスモデルが入ってきて、そこに「おもてなし」を注ぎ込んで新しいビジネスモデルに作り替えていく、ということも実際にあった話です。

おおらかさの中に「スパイス」を加えて、あるいは組み合わせを変えて、味変《あじへん》してよりよいものにしていく。これがユニークな日本の文化であり、文明になり始めています。

その「おおらかさ」のおおもとはどこかを探っていくと、聖徳太子にたどり着きます。聖徳太子の十七条憲法は有名ですね。その第一〇条にこんな言葉があります。

こころいかりをたち いかりをすて ひとのたがふをおこらざれ……。

忿を絶ち瞋を棄て人の違ふを怒らざれ……。

心に憤りを抱いたり、それを顔に表したりすることをやめ、人が自分と違ったことをしても、それを怒らないようにせよ。という意味です。

■和魂の源流は憲法十七条第一〇条にあり！

十七条憲法で有名なのは「和を以《もっ》て貴《たっと》しと為《な》し」という第一条の教えでしょうし、もちろん和魂のおおもとはこの教えにあると思います。ただそれ以上に注目しておきたい条文がこの第一〇条です。

第一〇条の教えには、「おおらかにそして謙虚に生きよ、そうすれば物事はうまくいく」、と今の日本人の精神性が描かれています。

私もアメリカに住まいを持つ身ですが、アメリカで生活していると、日本人は主張しないので何を考えているのかわからない、日本人はイエスかノーかはっきりしない、という声をよく聞きます。ですがそれらを差し引いても、総じて日本人の人当たりの良さはプラスに働いていると思います。それは日本人が誰からも好かれているからです。こんな民族はほかにないのです。

十七条憲法の第一〇条に話をもどします。

第一〇条を現代風に訳するとこんな内容になります。

心の中の怒りを絶ち、表情に出る怒りを捨て、人が逆らっても激怒してはならない。人にはみなそれぞれの心がある。その心にはおのおのこだわるところがある。人が正しいと考えることを、私はまちがっていると考え、私が正しいと考えることを、人はまちがっていると考える。私がかならずしも聖者であるわけではなく、人が愚者であるわけではない。どちらも共に凡夫にすぎないのである。正しいかまちがっているかの道理を、誰が判定できるだろうか。お互いに賢者であり愚者であるのは、金の輪に端がないようなものである。これゆえに、他人が自分に対して怒っても、むしろ自分のほうに過失がないか反省せよ。

■千四百年も前に民主主義の考え方が日本に

第一条も「和」についての教えですが、第一〇条はさらにすすんで「人の和」についての教えです。

日本人の和の心は、他人の気持ちを考えることを通じて、自分の心や気持ちをコントロールしていくことを聖徳太子が唱え、私たち日本人は長年それをやってきたのです。なにせ十七条憲法ができたのは六〇四年のことですから、今からざっと千四百年も前の教えです。千年を超える時間が日本人のマインドを形づくって来たわけです。こんな国はほかにないのです。

だからもっと自慢していいですし、自信を持っていいのです。戦後日本はアメリカによってなにもかもが変えられたけれども、民主主義はアメリカに教わったのではない、と。民主主義の考えは日本の方が古いのです。この第一〇条からできているのです、正式な民主主義は。

法隆寺は正式には法隆學問寺といい、聖徳太子の念《おも》いがつまった日本最初の総合大學です。法隆寺を造った聖徳太子の十七条憲法は今でも有効です。日本人の心の中に生きています。日本人のマインドです。

地理的に日本で生まれたから日本人だというわけではなく、誇りを持って多くの日本人が海外で仕事ができるのは、こうした日本の深い歴史が培ってきたマインドがあるからだと思います。

■脱皮しない蛇は死ぬ

ちなみにこの十七条憲法第一〇条は、会社や家庭で使える教えです。パートナーに怒られたら、怒られている方にその理由がないか、冷静になってよく反省してみましょう。仕事で部下や従業員に何か言われたら素直になって考えてみましょう。ことによってはクビ（退職・辞職）をかけて言ってくれているわけで、無駄なこと言っている訳ではないのです。どんなに経験を積んでいても、どんなに長く連れ添っていても、人の話はちゃんと聞かないといけませんね。何か言ってくれているうちが花です。何も言ってくれなくなったら…危険信号です。

人間、歳《とし》をとったら体力的な限界は出てきますが精神な成長は無限です。いつまでも柔軟な頭で変化に対応したいと思います。

こんな言葉を大事にしています。「脱皮しない蛇は死ぬ」

■「天の時《とき》」＝変化を読み取り準備する

大小問わずどんなビジネスも人があってのものです。そうした生活スタイルや環境が今までの前提と変わっていくことをまえもって教えてくれるのが「天の時《とき》」です。どんな流行も、どんなビジネスも、時《とき》が来ればいつかは廃れる、消えていく。時の変化を読み、変化に対応していく準備をしていた会社や商品・サービスは生き残れますが、そうでない会社や商品・サービスは消えていきます。これは道理です。だから変化を予測し準備することを怠らない。

例えばこれから起こるであろう変化の前触れについて考えてみましょう。

いま米国・テキサスでは新幹線の建設が進んでいます。車社会のアメリカにとって都市間を結ぶ高速鉄道の存在はエネルギーや環境問題も絡めながらアメリカを変えていくに違いありません。それほどのインパクトを持っています。

一方日本ではリニア新幹線が注目されています。まずは東京と名古屋を四〇分でつなぎ、その先は大阪へ。最終的には東京・大阪間は一時間で移動でき、日本の大都市圏をつなぐ新たな交通インフラとなります。これは日本で将来起きる新たな変化に通じる、革命的なインフラなのではないかと思っています。そしてそのあとで起こるであろう数々の変化を想像してみましょう。あなたのまわりでもワクワクするようなチャンスの芽が出てくるかもしれませんよ。

■「天の時《とき》」＝変化が起きた後を予測する

山手線を核とした交通ネットワークを持つ東京圏は、人口だけで見ても３５００万人の世界一の都市です。これがリニアでほかの大都市とつながっていくことができたら大変なことになります。将来に向けた「天の時、地の利、人の和」を今から考えておかなければ「機会損失」することになります。

これを読んでいるあなたがもし何らかの商売をされているとしたら、いまから考えて準備しておいてくださいね。東京と名古屋が四〇分、東京と大阪が一時間圏内になる。これは「〇〇都市圏」どころじゃない、「日本リニア圏」というようなもっと大きな、現在のイメージではとらえ切れないもっと別の新しい言葉ができるでしょう。そうなるとこれまでにない発想の転換で物事を考えなくてはね。リニアができるまでに６５００万人を相手にする商売を考える。もちろん、人が集まるその中心に何は必要なのか、これも忘れずに。

私はこうした変化の時に忘れてはいけないのが日本人の「和の心」「気遣い」といった精神性なのではないかと思っています。「天の時」を感じ取り、これらの「心」「気」をあなたの「地の利」にどう活かすか、です。

■地の利は「愛のコア」にあり

古来から人の集まるところには「愛のコア」があります。それは神社仏閣です。街を歩いてみてください。東京の人は銀座の三越の屋上に行ってみましょう。そこにあるのはお寺と神社です。東京であろうが地方都市であろうが、全部、人が集まるところに神社と仏閣があります。なぜか？

それが街のコアだからです。愛のコア（中核）だからです。

神社、仏閣は愛のコア。これは海外でも同じです。フランス、イギリス、イタリア…、ヨーロッパにはどんな小さな町にも教会があるしアラブにはモスクがある。信仰の中心地、愛の中心地に人が集まるのです。

人には必ず「心」や「気」があり、愛の精神がないと人の「心」や「気」を集められません。その集めるところを寺あるいは神社といい、これらを「愛のコア」と言います。

■あなたの街の「愛のコア」を探そう

山手線圏内を観察すると面白いことがわかります。目黒の目黒不動尊、目白は目白不動尊。恵比寿はたいていの人は知っていますよね、神様の名前です。そして上野の寛永寺、浅草は浅草寺。原宿には明治神宮、神田には神田明神と、人気の街には必ず寺と神社があります。首相官邸や国会議事堂のある永田町や赤坂界隈を見守っているのが日枝《ひえ》神社という、古くから江戸城の鎮守神をまつっている神社です。これらはみんな「愛のコア」です。

帝王學という學問は**「どれだけの人を救えるか」**を考えて実行する學問です。ビジネスを通じてどれだけの人を救えるか。そしてその原動力になるのは「どれだけ人を愛せるか、大切にできるか」です。どんな仕事でも、単なる金儲けと考えるのと、人のためになっている社会のためになっている、と考えるのとではモチベーションや事業の持続性は全然違います。

ビジネスに成功する人は「愛のコア」を大事にするポリシーを持っている人です。あなたが何かを始めたいと思っているなら、「愛のコア」を自分の街で探しておくことをぜひともお勧めします。そしてあなた自身が「愛のコア」になっていくことを考えてみてください。

■家庭の「家」と国家の「家」は同じ

「愛のコア」は何もビジネスだけの話ではありません。家庭でも当てはまります。国家の「家」の字は家庭の「家」と同じですから。「家」が円満に成り立っていくには国民や家族が安心できる場所であることが必要です。あなたは家庭の中の愛のコアになっていますか？　「主人」、「主婦」という言葉があります。この「主」という言葉には「あるじ」とか「つかさどるひと」「中心となるひと、ものごと」という意味があります。「主・イエスキリスト」というのは信仰の言葉でもあります。これは人間関係やビジネスにもあてはまります。仕事を作る場合は知恵だけじゃだめ。家庭も。愛をちゃんとマスターしてから結婚、そして事業をしていくこと。これは私の経験からも言える大事なことです。

■立ち向かう人の心は鏡なり

人の和とは「和を以《もっ》て貴《たっと》しと為《な》し」、聖徳太子が日本建国の理念とした大きな命題です。新約聖書にも「柔和なるものは地を受けつぐであろう」と書かれている重要な理念です。営々と築いた人間関係や社会も、「和」がなければ成立しません。なぜならば、不和から不信が生じ、悪事がはびこり家庭も社会秩序も壊されるからです。

いつの時代でも、国家を滅ぼすのは外敵ではなく「獅子身中《しししんちゅう》の虫」によるものです。国が滅びるのに兵器は必要ありません。自らの心を統御できなければ、不和により自動的に内部崩壊をしていきます。小さくは家庭が壊れるのも同じ理由です。家庭の**家**も国家の**家**も同義ですから、その栄枯盛衰には**同じ法則**が働いています。

人の和とは人間関係の総合力です。経営者と従業員、関連業者、消費者などとの気を合わせる意味で合気道といいます。社会生活では意気投合、和気あいあい、調和や融和が繁栄発展のための大きなテーマになります。

先述した聖徳太子の十七条憲法第一〇条の精神は、自らを反省し、他人《ひと》を理解することにより、究極の心の安らぎと社会の平和を実現しようとする誠意が貫かれています。

「立ち向かう人の心は鏡なり」という真理を具現化して、人生のすべての出逢いから謙虚に学び、人格の向上と社会の発展に貢献することの大切さが説かれています。

■元気・景気・大気、三つの気を学ぶ

天地人三才(天の時・地の利・人の和)、この中野塾の帝王學で学ぶのは、人々に対する「愛」です。人を幸せにするには「愛」というエネルギーがなければそもそも行動に結びつきません。そのエネルギーのおおもとを誰もが持っています。それは「気」です。

中野塾で教えている帝王學という學問は別名「気の學問」と呼び「元気」「景気」「大気」の三つの気を学ぶのです。つまり、元気＝健康、景気＝経済、そして大気＝環境。これら三つの気は私たちの暮らしや生き方と密接な関係を持っています。別の言い方をすれば私たちはこの三つの気の中で生きている。だからこの三つの気を学べばあらゆることが見えてくる、というわけです。

ですので、中野塾では日常生活で大切な健康と経済と環境の問題について、東洋の叡智《えいち》を通じて学んでいくのです。

■気の學問・道の教えも今に伝える

「帝王學」というこの學問のおおもとは、数千年前の遠い昔のころの易経や孔子、老子など東洋の賢人達の教えを源流としていますが、これらの教えが日本に渡って来てからなので、聖徳太子の時代になります。飛鳥のころ、大和の魂として受け入れられ受け継がれ、その後、武士道、道の徳（道徳）として江戸時代、近代へと継承され日本人の精神性のおおもとを成してきました。この「気の學問」、「道の教え」として受け継がれているものが、今でいう人間学、経営学、環境学なのです。

帝王學が日本で形として見出すことができるのは、聖徳太子のおこなった数々の改革です。聖徳太子と言えば冠位十二階、十七条憲法を思い起こすことでしょう。日本がまだ何も国としての形がなかったころ、これら聖徳太子により、日本建国の理念となったのです。

目を近代に向けてみると、その教え（「気の學問」、「道の教え」）は、日本の自由主義経済を確立した渋沢栄一先生による『道徳と経済の融合』として集大成され、今もなおその精神は著名な企業家たちの行動規範に活かされています。

これはたとえば、「気の學問」を会社の名前として使っている例としてはこんな企業があります。

天に従順する「順天堂」
天に任せる「任天堂」
大地の資源で生かされている「資生堂」

という具合です。

そして健康とは、元気の気を知ることです。経済とは景気の気を学び、自然環境は大気の気を理解することから始まります。自然環境は、人の生活態度の善し悪しを反映するので大気といいます。経済は、企業家の理念と消費者心理の強弱に影響されるので景気といいます。

では「気の學問」とは何たるかを具体的にこれから解説していくことにしましょう。

■「気の學問」〈その1〉 天啓

近年、私たちが生きている地球をアースとは言わず、ガイアと呼ぶことが多くなりました。ガイアとは元来ギリシア神話に登場する大地の象徴としての女神の名であり、のちに天をも内包した世界そのものを現わす言葉となり、現在では『生命体としての地球』をガイアといいます。

高速で自転と公転をするこの強大なガイアは、時間をはじめとして、地上における最大の力と、最高の知性である磁気波動をメッセージとして、すべての生命に送り続けている不思議な「生物」です。

人はこのガイアの働きをこう表現しています。

科学では〝引力〟や〝磁気〟と言い、

思想としては〝気〟や〝心〟と呼び、

スピリチュアルとしては〝波動〟と称しています。

私たちの身の回りではこのようなことが起きています。春夏秋冬それぞれで咲く花が違います。春に咲くヒマワリがないように、それぞれの花は咲く時期を間違えません。渡りをするチョウや鳥がいます。時期や方向を間違えることはありません。大きくなったサケが生まれた川に帰ってきます。時期やのぼる川を間違えることはありません。

大自然の営みにはこのように規則性がありますが、自然界の生物たちは、わたしたち人間のようにうっかり間違えたり、わすれたりすることがないのはなぜなのでしょうか？

それは、大自然の中で草木たちは気候を通じてガイアからのメッセージを享《う》けて芽吹き、同じく鳥や魚たちは気流に乗じ時と方角を間違えずに渡りと回遊をしているのです。ガイアからのメッセージはほかの生物たちと同じように私たち人間にも等しく与えられています。それが「気」です。

人の内側にある時は、気持や人気《じんき》と言い、外側にある時は、天気、外気と言います。〝愛語よく廻天の力ある〟と言われるが如く、内と外との気は相通じ、大きくは国の景気から、小さくは人の病気まで、人生のすべてをコントロールしています。

ですから、人の気持ちで経済が左右され、社会心理の善し悪しが自然環境に影響を与えるのです。

【コラム】 ガイア理論～地球とのコミュニケーション

ガイア理論（仮説）とは、地球そのものを自己調節機能をもつひとつの生命体とする説で、イギリスの科学者ジェームス・ラヴロック博士が、ＮＡＳＡに勤務していた１９６０年代に提唱した理論です。ちなみに「ガイア」という名前は、ギリシャ神話に登場する大地の女神にちなんでつけられました。

このガイア理論では、地球全体を包みこむ大きな生命の流れがあると考えます。人に肉体がありその肉体が筋肉や臓器、血管で構成され、体温の変化があるように、この地球も大気や水、鉱物、マントルで構成され、気温の変化があります。まるで生き物のような地球。

地球の自己調節機能とは、人が汗をかいて体温を調節したり、発熱して病原体の力を弱めたりするように、地球自体が環境を一定に保つためのコントロールをする仕組みのことを言います。地球がいまこのコントロールをしていることで、熱波や豪雨豪雪、ハリケーンや台風の巨大化などの「気候変動」が起こっていると考えられています。

一方で地球は、母なる海を持つ水の惑星。この巨大なゆりかごの中で、生きとし生けるものを分け隔てなく育んでいます。

私たちがガイア理論から学ぶべきことは、人も自然の一部であるということです。大きな生命体である地球のなかで、ほかの動物たちと同様に人も地球に〝生かされている〟という意識を持つこと。

そしてガイアからはたくさんの、目に見えないメッセージが私たちに届いています。このメッセージを人は五感で受け取ります。これがガイアとのコミュニケーションです。

さてあなたは、ガイアとのコミュニケーションができていますか？

■「気の學問」〈その2〉天の時《とき》・地の利・人の和

「時《とき》」は地球の回転からできています。高速の自転から地上最強の力、引き付け合う力が生じ、この求心力を科学では、「引力」と呼び、精神世界では「愛」といいます。

一般では、人々を魅了して引き付ける力を人気、「気」が合う（合気）、和気あいあい、意気投合といいます。

「時を得る者は栄え、時を失う者は滅ぶ」列子

ビジネスにおいても人生においても、「時」を味方にすることは大切なことです。時を制する者を「時代の寵児」といいます。だからこそ、18年以上にもわたり中野塾では『**時**《とき》**読み**®』を教えているのです。

日本には古来から、暦（年・月・日・時間、月の満ち欠けや潮の満ち引きなど）で自然界のサイクルと人が元来持つ力（易経、占星術など）を知ったうえで、ものごとの是非を決する習慣があります。履歴書に生年月日を書くのはその名残です。

われわれ日本人は元来、目に見えぬ力の存在を身に宿しているのです。その目に見えぬ力、そのひとつが「時」であり、列子のことばはそれを象徴しています。

中野塾で学ぶ【帝王學】の狙いの一つは、「時《とき》」を学び、「時」を超えること。そして持続的な発展と社会に貢献ができる「人の輪」を作り上げる経営者およびリーダーの育成です。

■「気の學問」〈その3〉 歴史

この學問は、中国四千年の聖賢の叡智《えいち》として集大成された東洋哲学のエッセンスであり、漢字の起原である甲骨文字にも大きな影響を与えました。のちに、干支《かんし》、易経《えききょう》、道徳経、陰陽道《おんみょうどう》、儒教、『四書五経』として継承され、陰陽五行説にインド哲學が加わり、玄學仏教《げんがくぶっきょう》として一般の生活の中に浸透し、風俗習慣、冠婚葬祭の基準となっています。

また、歴史上、崇高な生き方をした老子、孔子、王陽明の教えとなり、政治上では、孫子や諸葛孔明へと伝承され、聖徳太子が、日本での最初期の学び舎、法隆學問寺で教學として採用してからは、人々の精神世界を形成し、時代と文化の基盤を築きました。

その後この学問は、公家では陰陽師《おんみょうし》が継承し、武家では足利家から織田、武田、徳川に至るまで足利学校を中心に教えられ、一般では道徳として学習されてきたのです。

■「気の學問」〈その4〉 自然法則

ガイアから送られてくるメッセージの磁気を読み取る気の學問は、長い歴史の中で多くの優秀な人材を育成し、国家的大事業を成功へ導き、現代でもなお大企業の社名とその企業精神に受け継がれ、すべての生きとし生けるものを繁栄し、社会を発展向上させる一翼を担っています。

松下幸之助の信念
「人には、おのおの異なった生命力が与えられています。この天分を活かすことが、人間としての成功であります。」
「経営哲学の根っこ、宇宙根源の力は、すべてを生かすように働いている。宇宙の生成発展の法則に素直に従えば、物事は必ずうまくいく。」

■「気の學問」〈その5〉　天声人語

洋の東西を問わず、古代の賢人が開発した學問は、共に形而上學《けいじじょうがく》です。いわば天に問う學問、別の言葉で〝天声人語〟。
偉大な創業者は、智慧と富の宝庫、イデアからインスピレーション（霊感）によりアイデアを享《う》けて事業を発展させてきました。

真言（マントラ）・言霊（ことだま）・ロゴスという言葉を聞いたことがありますか？これらの言葉も「天声人語」です。天からの声（天啓）を文字や数式、音律や色彩で表現し人々に伝えていくのです。この天啓で得たアイデアは、パテントとして智慧と富の源泉となります。

宗教から文学、政治、経済、芸術、音楽、科学に至るまで、さまざまな分野で民族を超えた普遍性と時代を超える永続性を持つ業績のすべては、「人事を尽くして天命を待つ」自助努力により創造性と愛を開発した人々への天からの贈り物です。

〈注釈〉

■マントラ（Ｍａｎｔｒａ）とは、サンスクリットで、本来的には「文字」「言葉」を意味する。真言と漢訳され、大乗仏教、特に密教では仏に対する讃歌や祈りを象徴的に表現した短い言葉を指す。

■ロゴス（Ｌｏｇｏｓ）とは、古典ギリシア語から、概念、意味、論理、説明、理由、理論、思想などの意味。

■自然法則から学ぶ「気」

人の内側にある時は、気持や気分といい、外側にある時は、天気、外気といいます。内側と外側の気は合い通じていますから、人の気持が、天気や大気の自然環境や経済活動にも影響を及ぼしています。大きくは国の経済から、小さくは人の健康まで、人生のすべてをコントロールしています。

この気の學問を身体でマスターするのが合気道であり、太極拳です。また、病いを癒すのに気功法があります。

健康には元気の気を、経済には景気の気を、そして自然環境は大気の気を。この三つの気が健康と生活での豊かさとエコロジーの問題に答えを出してくれます。

気を学び、心をコントロールして、成功と繁栄への運命の扉を開きましょう。

■自然から学ぶ力を磨け！

自然は、人に文字や言葉を通して教えるのではなく、色鮮やかな動植物の動きや優美な光景で、感性に直接、メッセージを送ります。ですから、享《う》ける方に、主体的に学ぶ**力**がなければ、教えてもらえることができないのです。一日24時間、365日。大自然は、真理を説き続けています。

頭上を鳥が北から南に飛んでいくのも、目の前を蝶が舞うのも、部屋の壁にクモが這うのも、ひとつとして偶然や何も意味のないことが起きているのではないのです。神仏が創った世界ですから、**すべての事象に深い啓示**があります。ただし、それを読む**力**があるのか否かは個人の問題です。

人や自然や時の動きを利用して、事前に必要なアドバイスと解決法を、私たちに無意識のうちに教えてくれています。人の何気ない助言が**「天声人語」**であり、自然現象が**「ムシの知らせ」**になり、暦が**「時機到来」**と告げているのです。

しかしながら、感性が鈍り、自然から学ぶ力がない人がほとんど。

大人は学習して、信号の色の意味がわかりますが、習っていない幼児は色の違いがわかりません。花々や葉っぱが色づくのは、その美しさで心を癒すためだけではありません。自然界のメッセージを伝えているのです。

哺乳類の中で人間の視力が、さまざまな色の識別ができるのは、それが人生に必要だからです。識別の機能がない生き物は数多くいます。それは、彼等の生存に、色の意味が分らなくても、致命傷となることがないからです。

たとえ幼児でも信号の意味を知らずに交通量の多い大通りを横断したら、直感的に危険なことはわかります。しかし、多くの人は、さまざまの姿や色彩で忠告してくれる〝**天然の信号**〟**天啓を無視して人生を横断している**ことをご存知ですか？　だからこそ病気や事故や犯罪など、トラブルに巻き込まれてしまうのです。

老子の教えにこんな言葉があります。

「我をして介然《かいぜん》として知有らしめば、大道《たいどう》を行くに、ただ施《ななめ》なるをこれ畏《おそ》れん。大道は甚《はなは》だ夷《たい》らかなるも、而《しか》も民は径《こみち》を好む。」

〈現代語訳〉

もし私に少しでも余計な知識があったとしたら、大きな道を歩く時にその知識にひかれて脇道にそれる事を恐れるだろう。この人生の大きな道はとても平坦で歩きやすいのに、世の人々は少しでも近道をしようと脇道に入って自ら苦難の道を行く。

天の啓示に従い王道を行けば人生は快適なものなのに、多くの人は私利私欲に惑わされ、身勝手に生きて、結果その人生をあえて難しくしているのではないでしょうか。

■地球からのメッセージ＝ナインコード

「上善水如《じょうぜんみずのごとし》」、「上徳谷如《じょうとくたにのごとし》」という言葉にあるように、虚心坦懐《きょしんたんかい》であれば、「水」から人間関係で大切な〝調和の精神〟を教わり、「大地」から〝無償の愛〟を学ぶことができます。これを九つに分類したものが「ナインコード」という、中野博が開発した『**人間統計学**』です。

中国の聖賢の中に自然から直接学ぶ方法を開発した人々がいました。それが、『干支《かんし》』、『易経』、『老子』、『陰陽』など自然と一体となる理論で、中国思想の根幹をなす「道の教え」です。

■運命を切り拓く英知『大気の法』

現代人は処世術しか習っていません。〃哲学〃という真理を追い求める學問に触れた人は少ないでしょう。ですからあえて繰返して言います。

生命体としての地球を「ガイア」といいます。高速で自転と公転をするこの強大なガイアは、時間を初めとして、地上における最大の力〃愛〃と、最高の〃知性〃である磁気波動をメッセージとして、すべての生命に送り続けています。

人の内側にある時は、気持ちや人気《じんき》といい、外側にある時は、天気、外気といいます。〃愛語よく廻天の力ある〃と言われる如く、

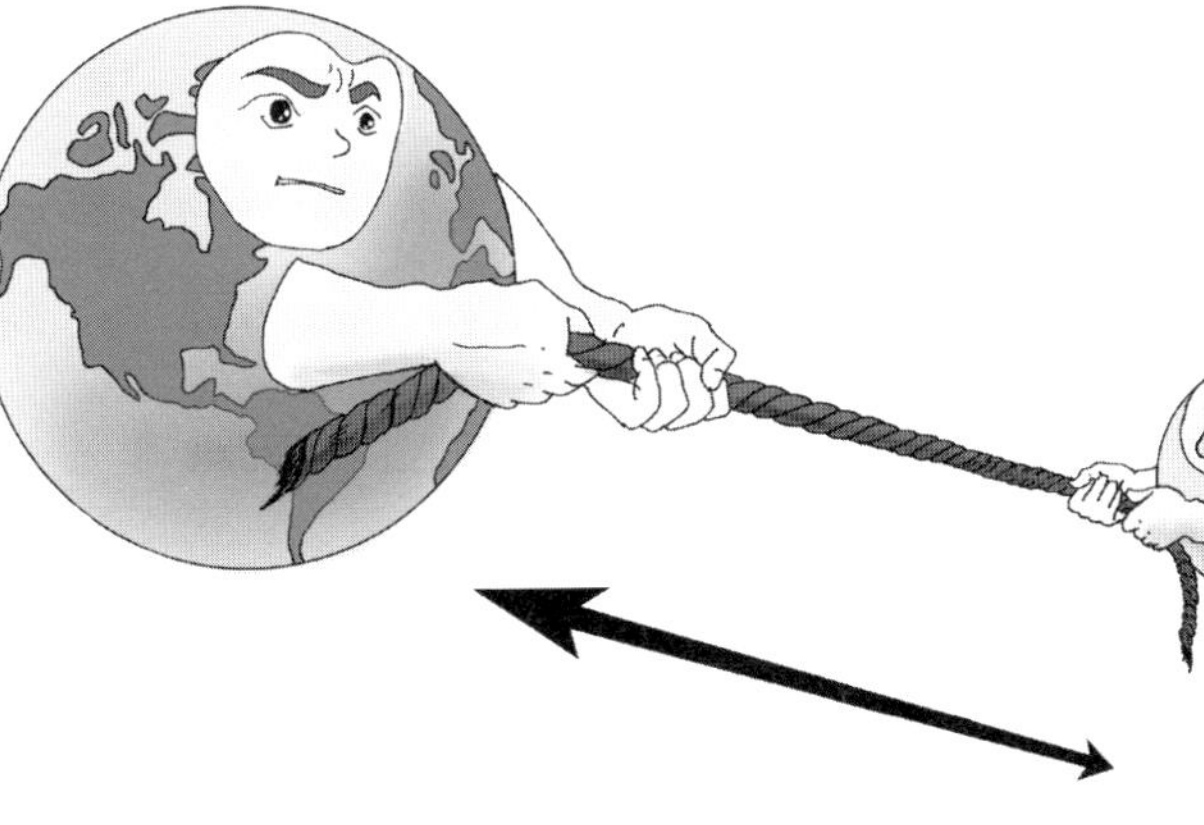

内と外との気は相通じています。

時間は地球の回転からできています。高速の自転と公転から引き付け合う力が生じ、この求心力を科学では、「万有引力」と呼び、精神世界では「愛」と称します。

一般では、人々を魅了して引き付ける力を人気と言います。組織では、気が合う（合気）、和気あいあい、意気投合と言います。これをマスターしていない人は気が知れませんから、家庭も会社の運営もできません。

「順天」とは天に従う意味ですが、最高の品格は、磁気波動に人の気持ちを合わせることです。無為自然なる道と共に生き、人間としての最高の品格を実現したとき気品と呼ばれ、人と自然に優しい生き方を気高いと尊称されます。

自然が持つ磁気波動に合わせ、人には、天《てん》、澤《たく》、火《か》、雷《らい》、風《ふう》、水《すい》、山《さん》、地《ち》の基本コードが、生年月日の中に封印されています。

このうち大地の二黒の『上徳谷如《じょうとくたにのごとし》』一つをマスターすれば百年続く企業を創設し、八つすべてをマスターすれば国士無双として、聖徳太子や坂本龍馬、渋沢栄一のように歴代の聖賢の如く時代を超えて人々に影響を与えます。

■人気《じんき》＝九つのナインコードの気性

・水の一白（いっぱく）
大海のような大らかさが元気。すべてを包み込む包容力と忍耐力。
・大地の二黒（じこく）
谷のような謙虚さが元気。人や環境に合わせる柔軟な心と無償の愛。
・雷の三碧（さんぺき）
雷と地震のような快活さが元気。使命に目覚めた勇気とひらめき。
・風の四緑（しろく）
風のような爽やかさが元気。人を支援する救済の心と信頼性。
・ガイアの五黄（ごおう）
大地のような安定感が元気。地球そのものの威厳と不屈の精神。
・天の六白（ろっぱく）
大空のような壮大さが元気。万難を排す指導力と画期的な創造性。
・湖の七赤（しちせき）

湖のような心地よさが元気。生活を豊かにして、人々の心を癒す力。

・山の八白（はっぱく）

山のような雄大さが元気。理想を実行する揺るぎない心とイノベーション。

・火の九紫（きゅうし）

太陽のような煌《きらめ》きが元気。高められた感性と情熱で新たな文化を創る。

鏡には心は映りません。心を見たいのであれば心の鏡を観るしかありません。その大きな心の鏡が九つのナインコードです。人は、一定期間（寿命）だけ、大自然のエネルギー（気）が姿を変えた存在なのだともいえるのです。

「有り難う」の言葉が表現しているように、日々人間の目の前で〝あり得ない〟奇蹟が繰り広げられています。一期一会のつもりで、自然現象から人生の神秘を謙虚に学び、家庭の幸せと社会の発展に貢献をしていきましょう。

あなたの「引力」を引き出す

9code

ナインコード

9codeでわかるあなたの生まれ持った「資質=才能」

誕生日でわかるあなたの9code

ナインコードで天活!
あなたのタイプと才能は?
誕生日を入力して確かめてみましょう
https://ninecode.net

天活サイトであなたのナインコードとあなたの持って生まれた才能を知ってください（無料）。あなたの引力を引き出すためにきっとお役に立つはずです。

■東洋思想の基盤である帝王學

指導者には、未来を指し示すことができ（時読みを使う）、リーダーとして人を理解する力（ナインコードを使う）が必要です。責任の取り方と人物の器の大きさは比例しますから言動に責任感を持ち、自由意志と最高責任者を常に意識できる人を指導者と言います。

帝王學としての条件は、人と時代と天意を読むことができる洞察力と決断力をマスターすることです。さらに、プライベート情報から国防に至るまでの危機管理能力をマスターしなければなりません。孫子、諸葛孔明、足利尊氏、吉田松陰、勝海舟など国を預かる人は、みな兵法を含めた帝王學を学習しているのです。

帝王とは、身分の偉さを表しているのではなく、人として自由と創造力を活かした最高の生き方のことで、古来の「鳳凰と龍」が象徴しているものです。

愛とは、〝自分に対して反省をし、人に対して理解をすること〟ですが、人と社会を幸せにしたい人物は、常に自分に対しては厳しく、人に対しては優しくあることが基本となります。

自らは、不断の精進で學問や技術を学び、その智慧と経験で人々を救済することができ

る人材を指導者と言います。卓越した能力と思いやりを身に付けるために帝王學がありま
す。

中野塾は、新しい時代に必要な新しい人材を育成していきます。人類の運命を左右する時代の端境期に、創造力を開発する學校の創設が急がれています。脳力基準の偏差値などを超えた教え、心力基準の精神指数を高める教えとなります。

ＡＩ時代になったいま世界が求めているのは、頭のいい人ではなく、心のいい人です。時代の要請は、我欲による名声、地位ではなく、人と自然に優しい気高い生き方です。

トラックやブルドーザーが簡単に操作できる時代に肉体を過度に鍛えるスパルタ教育が要らないように、誰もがコンピュータを操作できる時代に頭を良くする教育は要りません。

『気の學問』で身につける気力は、豊かな人間性、聡明な頭脳、揺るぎない胆力、圧倒的な行動力、そして自らの陽気さで人々を明るく楽しくする楽観性です。

「面白きこともなき世をおもしろく」　高杉晋作

この中野塾での教育は、巷の処世術ではなく、心を磨き人格を高める教育になります。

本来、気の学問のメインテーマは、元気、景気、大気、すなわち、人間関係学、経済・経営学、自然環境学を修得して、社会を幸せにできる人材を開発し、人物を育成していくことです。

■未来を切り拓く『帝王學』の歴史

先天的能力とは、一言で表すと「創造力」です。

別のことばでは「天賦の才」、「天才」、「潜在的能力」、「人格思考」、「アイデア」、「気質」、「気性」などの名称で呼ばれています。


「天の才を生ずる多かれど」

神から授かった才能を持って生まれた人は多い。

しかし、その才能をみがき自分のものとすることは難しい　吉田松陰學問とは、〝神から授かった〟その能力を知ることです。そして心の探究を深め命とは何か、何のために生きているのか。人間性を高める実践することをいいます。

學問というものは、人間とは何か、どう生きるべきかを学ぶことである。

吉田松陰

神国という言葉はあります。帝王學の学びのはじめは、この世を創られた神仏の世界について学び、天からの啓示を享《う》けられる素直な心を養うことからスタートしなければなりません。目に見えぬ神仏や魂の存在を前提に、実践としての信仰心により心を高めていきます。

明治の廃仏毀釈《きしやく》と戦後のＧＨＱの指令により、日本の教育から「信仰」が消えて教育の質が悪くなりました。その上に、最近の加工食品でハードである脳を傷め、欧米の教えに追随して良き日本の精神、思考用ソフトを崩壊させてしまいました。

中野塾の帝王學は失われた信仰心とともに「目に見えないもの」の大切さを知り、伝えることで、失われた日本の心と叡智を取り戻す學問でもあるのです。

■世界を壊した「知の欲」

神仏や信仰を除いてしまった現代の学校教育や社会には、いたるところに傲慢さを見ることができます。頭が良い事が偉いなら、武士の時代、刀を持っていることが偉いこととされるのと同じです。あるいは生まれ（家柄）が良いことが偉いとされていたのとかわりがありません。人類は、家柄や権力や頭の良さで人を差別する弊害を、いつになったらなくすことができるのでしょうか。

現代の教育には学びが人生を豊かにするという発想はありません。偏差値教育により、暗記と数値競争がはびこり、心の教育が失われた結果、嫉妬を増長し、体を肥満にする教育だけが残りました。

一人前に学校で教養を身につけた人々が、子供のいじめから大人の戦争まで止めることができません。夫婦喧嘩や親子喧嘩を繰り返しています。言論の暴力を使うマスコミも同様、美しい自然をゴミ箱にしてしまった自動販売機の乱立も同様のことが言えます。

「技術の進歩とは、病的犯罪者の手中にある斧のようなものだ。」

A・アインシュタイン

教育の源泉は信仰心にあります。社会生活は、自分を信じる「自信と勇気」から始まります。そして人を信じ、良心を信じる信念へと成長します。信じる行為、信頼関係が経済、共同生活の根幹であり、人の善なるものを信じることが、社会が幸福になる基盤です。

哲学＝真理を求める心が智慧となり、その力を使って人と社会を救済することを愛と言います。そして愛と智慧を発揮してみんなが幸福になることを學問と言います。

処世術を学んだからと言って利口になるわけではありません、人間は想像以上に愚かです。国際紛争、環境汚染、資源の枯渇、人種差別、貧富の差など、その愚かさは他の動物には例がありません。人間だけのものです。

西洋の英知ソクラテスの「無知の知」も、中国の聖者老子の「識《し》る者は言わず 言う者は識《し》らず」も、インドの叡智『般若心経』の「遠離《おんり》一切《いっさい》顛倒《てんどう》夢想《むそう》」も、みな人間は自分が考えている以上に馬鹿げたことをしていることが語られています。

実用的知識であるハウツー物や、欲望に奉仕する詭弁を使用する限り、いずれ、信仰心を失い人間関係を壊して社会生活ができなくなります。

「人びとは現実世界でさまざまな対立差別をつくり出しているが、この小ざかしい知識分別をすてよ」　荘子

■今後の発展のカギは「和魂®」普及にあり

日本には、長き歴史の偉人たちの努力の成果として、完成された人類の叡智が今でも継承されています。このため、戦前、日本は欧米の白人帝国の植民地にならずにすみました。

当時、白人の帝国主義は、未開発の地に産業の発展を口実に入り込んで、他国を侵略します。しかしながら、五百年もの間、奴隷制度と植民地政策で、有色人種の富を搾取して、白人の王国を作ってきた近代史は第二次大戦後、終わりになりました。

しかし今再び、グローバルな金融・保険に関する白人優越主義に基づく闇の世界の人間たちが、新たな通貨、金融のシステムやウイルスのまき散らしで世界を混乱におとしめ、一部の特権階級のみが楽をして富を得ようとする社会を築こうとしています。

今後、日本型の自由主義経済を持続していこうとするには、「**和魂®**」を広げることが不可欠です。和魂の普及には、神仏を敬い、人と自然を愛する心を養うことです。事業の要諦は、天からいただくひらめきで構成されています。素直さとインスピレーションが開運の成否を決めることとなります。

吉田松陰の時代には、仏教、儒教、中国の思想家（老子や荘子）、神道の教えを取り入れて、倹約、堪忍、正直など身近な徳のある行動をする心学を説いていました。複雑さが増す現代、この東洋思想に加えて、ギリシャ哲学と量子力学を入れて『**中野塾**』の講座ができています。

古来の大和魂、武士道、道徳に西洋思想のエッセンスを含めて、いま『**和魂洋才®**』と称しています。

自然の摂理を生み出している高次元のガイアといわれる地球意識は、すべての生命を育成する創造性と無償の愛からできています。その大自然の気を、みずからの気持ちとして生きる最善の品格を気品といい、人と自然に優しい最良の人柄を気高い人と尊称します。

21世紀の要請を享《う》けて誇りを持って素晴らしい国・日本で、素敵な人生と美しい繁栄を実現していきましょう。あなたこそが救世の主役なのですから。

中野塾で学ぶ「天・地・人　三才」

『中野塾』でチャンスをつかむ

『中野塾』では、動乱期において創意工夫でビジネスチャンスを切り開き、いつの時代でも成果を生み出せる人材を育成するための唯一の講座です。塾長・中野博が 40 年間世界各国を旅し経験してきたこと見てきたこと、経営者として 22 年間培ってきた智慧とノウハウを、成功者になる原理原則「天・地・人　三才」の學問として塾生にお伝えしています。

中野塾で得られる7つのこと

1：動乱期に屈しない強いマインド（メンタリズム）と思考力。
2：時代を先読みして、無駄なく効果的に応対する力。
3：５年先まで安定した収益を得るための力。
4：自己ブランド力向上と持続可能な影響力の作り方。
5：文章、会話…伝える力と表現する力。
6：家庭、企業、組織…人の育て方。
7：ストレス社会に負けない強靭なメンタルと心と体の健康。

過去におこなった中野塾授業のテーマ（一部）

『未来年表の作り方』『応援される力を磨け』『引力の磨き方と使い方』『ブランディング』『新時代のリスクマネジメント』『時読みマーケティング講座』『帝王学・総集編』「時読み」投資入門編『編集力講座』『日本文明の時代到来』『戦後日本を形づくった GHQ の功罪』『中野流未来思考』『2022 年は黄金期』『創造の扉を開ける時が来た』

中野塾の詳細はホームページで
https://miraia.co.jp/nakanojuku02

第四章

日本文明編

インド・アジャンター石窟郡

アジャンターの「蓮華手菩薩」

インド取材中の中野博

■東西の文明の合流地点「日本」

インドの話をしましょう。何でインドなのか？　実はインドは和魂の根源だからです。和魂のルーツの一つ「仏教」は数千年前のインドからスタートしています。二千数百年前のインドの洞窟にある絵が法隆寺に入っていたのをご存じでしょうか。インドのアジャンター石窟群の中で最も美しいと言われている壁画で蓮の花を手に持っている「蓮華手菩薩」です。この壁画は、ほぼ同じ構図で「法隆寺金堂」の壁画にもなりました。

日本人というのは、二千年前からシルクロードを通じて国際教育をやっていたのです。今になって戦後の教育のおかげで頭がよくなった民族ではありません。何千年の歴史を持っている民族なのです。だからもし本格的に日本の精神、仏教や哲学を学ぶのであればインドから研究しなければいけないと思います。

インドから始まってそれから中国、韓国、そして日本。三国伝来で仏教という今でいう「教養」というべき学びが日本に伝わってきました。これが東周りの文明とともに日本に入ってきました。

そしてもうひとつは西洋文明。これは西周りで入ってきました。東周りの文明はエジプト、ギリシャ、ローマ、ササン朝ペルシャ、オスマントルコ、スペイン、ポルトガル、そしてフランス、イギリス、アメリカとめぐりめぐって江戸末期に日本に入ってきました。

■融合・和合の時代に「日本」がチャンス

今は「分断の時代」とよく言われますが、時の流れがそうした状況を生み出しているのだと思います。現在六〇歳くらいの人が生まれた1960年前後の世界人口は三〇億人でしたが2022年に八〇億人、2037年には九〇億人へと、地球人口は急増の真っ最中です。このスピードが速すぎて人類が対応できていません。グローバル時代の前の時代では、東洋は東洋、西洋は西洋で食べていけましたが、地球上の人口が八〇億人を超えてしまい、グローバル化も相まって、東西それぞれひとつだけの文明では食べていけなくなってし

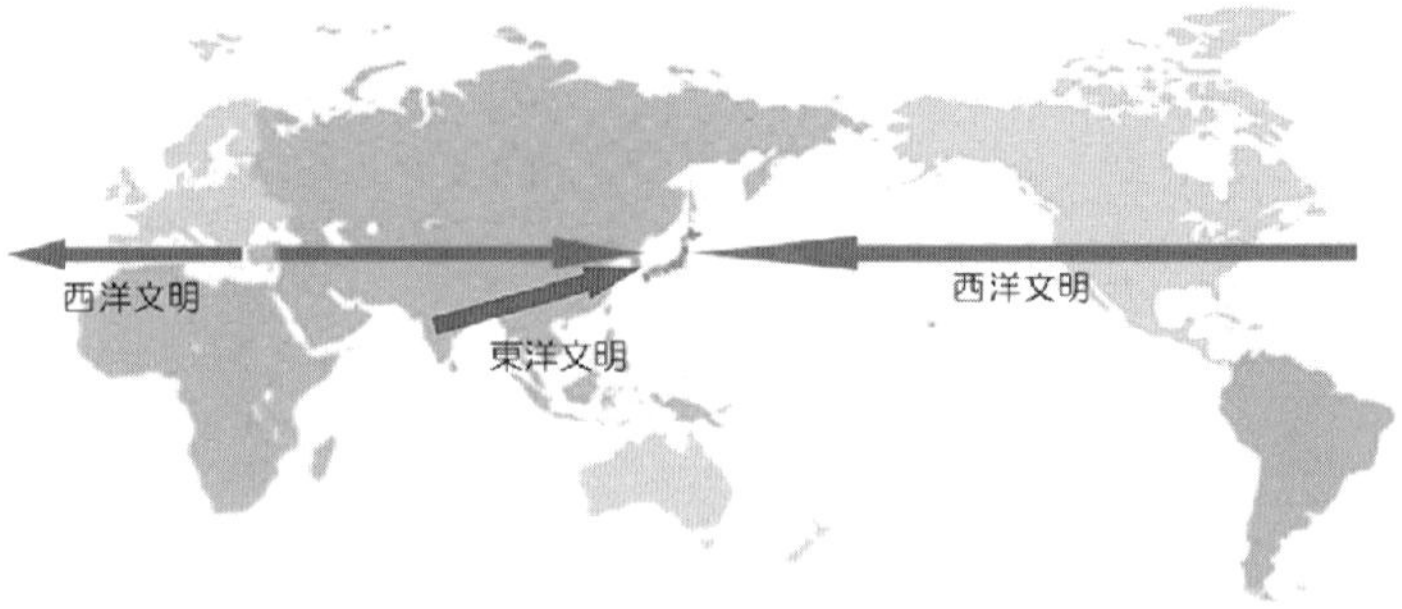

まいました。このままだったら資源も枯渇してしまいますし、エネルギーや食糧問題で紛争もたくさん起きてくることでしょう。

「天の時《とき》」は、東洋、西洋の両方を合わせることを望んでいるようです。文明がぶつかれば争いごとになるのは当然でこれが現代の状況です。一方で東洋と西洋が融和できれば平和な世の中になります。ただこれを実現できるのは世界の中でも日本だけでしょう。東西を一つにする文明を作ることができるのは日本だけです。これはいい意味でいえば日本のチャンスなのですが、バブル崩壊以来、失われた三十年で日本には今元気がありません。戦争やインフレ、エネルギー争奪戦と世界があわただしい中、日本がどう生きるのか、「天」から試されている時《とき》なのかもしれません。

■文明は回るめぐる移動する

文明のことで帝王學の教えで学ぶことは、一度衰退した文明はもとには戻らない、ということです。文明を「覇権」と言い換えるとわかりやすいですね。エジプト文明はピラミッドを残しましたが今の技術でピラミッドを作ることはできません。エジプトの時代は遠い昔に終わってしまいました。二百年前のポルトガルやスペインは海の覇者となりましたが今は世界の舞台からは忘れ去られています。

インドは近い将来人口十六億人を超え、ＧＤＰで上位に躍り出るといわれていますが、五千年前にインダス文明というピークを迎えました。インダス文明の都市にはダストシュートがあり、上下水道も完備されていたといいますから驚きの高水準文明です。でもその都市は廃墟になりました。中国も日本が遣唐使を送っていた時代がピークでした。

今はアメリカが時代をリードしていますが、さていつまで続くでしょうか？

長い目で見ると、文明の移動は東西ともに八百年のサイクルで移動しているそうです。今がちょうどイギリスをへてアメリカが引っ張る西洋文明の時代なのですが、そのうちこれが徐々に西回りのアジアに移ってくるというのです。その場所はちょうど日本あたりのようなのです。

■世界を誘導する文明の軸は「日本」

いまアメリカでおこっている分断などの社会現象はアメリカの将来にブレーキをかける

変化の予兆のように感じています。ですので、これからの世界に影響を与える「文明」ないし「文化」を作っていけるのは、やはり「和」の精神を持つ日本だと感じています。現に日本が世界をけん引するコンテンツはすでに持っています。これまでの代表例はアニメでしたが、食がこれから伸びていきます。今までは世界各地に「なんちゃって日本食」が氾濫していましたが、日本から進出した企業による「正統派の日本食（寿司・ラーメン・うどんなど日本人がよく食べる日本食）」が急速に広まっています。

日本食は職人の育成や包丁などの道具類、だしなど味覚の分野で日本文化が濃縮されています。こうした「本物志向の日本食」の受け入れられ方は「日本の文明・文化はこんな広がり方があるんだな」と、最近興味深くこうした現象を見ています。この「食」という分野では全世界がテリトリーですから。そうゆう視野を持っていると、世界観が変わりますね。

■「遺跡」を作らない日本の思考

今の日本という国は戦後アメリカが変えた国で、一万年以上続いた縄文時代も含めると、実に一万三千年以上の歴史があります。一万三千年以上というのは学校の歴史授業でいえば縄文時代からという意味で、このころは紀元前の時代で国という統治制度がない時代のこと。そのころに大陸の端っこにある小さな島に集落をつくって暮らし始めた人たちが出てきました。大陸の民族と異なり民族としての入れ替えがない日本人の原型はこの縄文時代までさかのぼることができます。日本に国という概念が出てきたころから見ても、神話の故郷・出雲の国（現在の島根県）の青銅器文化からはじまり、都市の形成でいえば奈良の平城京で千五百年、京都の平安京で千二百年の歴史があり、今なお都市として栄えています。こんな長寿命の都市は他の国では存在していません。

エジプトには三千年前に文明ができてピラミッドができましたが、今のエジプト人はピラミッドを作ることができません。紀元前一千年（日本は縄文時代）にギリシャに都市国家が生まれましたが、今のギリシャ人にはパルテノン宮殿は作れません。そして、ローマ帝国が栄えたイタリアの地で、今のイタリア人にはコロッセウムは作れません。これらのすべては遺跡です。素材を頑丈にしておけばもつと思ったのでしょう。でも、そうではないのが日本人です。

■「伊勢神宮」に学ぶ再生と継続のシステム

石の文明国家と日本とでは何が違うのかというと、日本人は木を使ってきたということ。木は再生産できるから、木で作った建物は古くなったら作り替えればいい、その方が永遠だというシステムを作ったのです。古代の文明国家の都市は寿命がきたら再生しなかった。これが遺跡になったわけですが、日本は再生を前提としてそのシステムを作ったので、都市が遺跡になることはなかった。長く使う、壊れないよう丈夫に作る、古くなって壊れたら直す、そして世代を超えて継続して使う。

日本が注目される理由はここにあるようです。継続するシステムを千年単位で作ってきたのです。20年に一度造り替えられる伊勢神宮の式年遷宮。千三百年にわたり繰り返されてきたこのシステムの注目するところは20年という単位です。全部建て替えをしなくても二百年や三百年は軽くもたせることはできますが、仮に三百年ももたせてしまったら、技術者がいなくなってしまいます。ピラミッドを作った民族もすごいです、石という素材を十分活かしたから。でも素材以上に、人間の持つ技術や思考が永遠に続くことの方が大事です。

日本にはそのシステムが千数百年前から実際に存在していたのであり、これがメイドインジャパンのブランド力につながっているのです。そういう意味では、日本は世界から見たら特異まれな民族なのかもしれません。

■アップル本社のデザインが意味しているもの〜永遠・無限

アップル本社はそのデザインが特徴的で、上から見るとドーナツ型をしています。そう、緑の芝生にドーナツを置いたような、そんなイメージです。この丸い形は決して奇をてらったものではなく、そこにはジョブズのメッセージが表現されています。

禅の教えのひとつに円相《えんそう》というものがあります。円相とは、禅における書画のひとつで、図形の丸（円形）を一筆で描いたもの。「一円相《いちえんそう》」「円相図《えんそうず》」などとも呼ばれ、悟りや真理、仏性、宇宙全体などを円形で象徴的に表現したものとされています。

円は丸くて、角がなく、終わりも始まりもない形をしています。この切れ目もない円満な相が、大空のごとく広大で、わだかまりのない心境に通じるものとして、禅宗では最高の真理・悟りをあらわす究極の形とされています。

禅を学んでいたジョブズは、最終的には、この円相をもとに新本社のデザインを決めたのでしょう。彼は人間の、そしてアップル社の永遠・無限なる成長を表現したかったのかもしれません。

アップル本社取材中の中野博

■ジョブズに学べ「信仰」の大切さ

ジョブズの禅の師は、曹洞宗の僧、乙川弘文《おとがわこうぶん》という人でした。若かりし頃インドを旅し、アップルを創業するまでのあいだ、ジョブズはサンフランシスコの禅センターに通い、弘文氏のもとで熱心に禅の修行に励んでいたといいます。「禅」を信仰していたのです。

ジョブズの名言の数々はどことなく「禅的」な趣があります。おそらくジョブズの生き方そのものが禅的だったからでしょう。ジョブズが語った言葉にこんな言葉があります。

「仏教には『初心』という言葉があるそうです。初心を持つということは素晴らしいことです」

ジョブズと禅すなわち仏教との関わりが、結果的にジョブズの心の支えとなり、行動の規範、モノづくりへのこだわりへとつながっていったことは間違いありません。

私たち日本人が、宗教や信仰という言葉のイメージにとらわれて、そこにある「真理」に気づかないで生きているとすれば、非常にもったいないことだと思います。私たちは限られた経験や知識のなかで物事の良し悪しを判断していますが、そこに「感性」や「直感」が入ることで新しい何かを創造することができるからです。ジョブズの場合は「禅」によって自分の心を開発して直感を磨き、それをビジネスに活かしていったのです。

■信仰はあやしいもの？　目隠しされたままの日本人

さて、あなたが外国人に信仰について話題にされたらどうしますか？「私は無宗教です」と答えますか？　宗教や信仰の話をすると、「あの人はあやしい人だ」と思う人も多いでしょうが、国際的にみれば、あやしいと思っている人があやしい。日本人は宗教や信仰を「危ないもの」「危険なもの」と勘違いさせられています。

日本人の多くが「宗教」について無関心かだんまりを決め込む。こんな光景を海外の人から見たら不思議がられますが、それは仕方がないことです。なぜなら、戦後のアメリカの占領政策とその後の学校教育によって徹底してこの国から宗教が抜かれたからです。アメリカが太平洋戦争で実感して恐れた日本人の強さの源は、その信仰心にあったからですが、祝日に一般家庭の玄関先に国旗を掲げることは少なくなり、日本の国歌の歌詞を知らない人が増えてきて、日本人は愛国心という言葉も敬遠しがちで、アメリカの日本に対する占領政策は、十分効果があったようです。

でも、そろそろこんな「信仰」への無関心はやめる時期に来ています。もう、2023年で戦後から78年も経過した今、こうしたGHQによる洗脳の弊害から脱皮して本来の日本人らしさ、日本のアイデンティティを取り戻さないといけない時期にあります。

■高い「心の偏差値®」を取り戻せ

そのためには、「あやしいものには蓋をする」「あやしいものには見て見ぬふり」という体質は早期に改善しないといけません。なぜなら、今私たちは「心の偏差値®」でいえば昔の人より退化しているからです。「あやしい」といっては深く考察しない「思考停止」や、なんにでも「検索」に頼ってしまう他人任せの学習は、効率的に見えて実はそうではない。考えなくていいから楽なだけで、情報の良し悪しや物事の善悪を判断できないようになったのです。結果、フェイクニュースに踊らされるだけの、世界一情報操作、つまり洗脳しやすいのが、戦後の記憶とパターン学習で偏差値教育を受けてしまった日本人なのです。

昔の青年たちは、図書館も本もないしもちろんインターネットなんかない。だから自分の知らないことがあるのは悔しいと思って、師を探し、足を使って汗をかきながら自分で学び、考えてきました。だからどんどん「心の偏差値®」が高まります。負けない、折れない、あきらめない。そんな心の強さを自分で学習して自分のものにしていったのです。明治維新の時代の偉人たちをみればそれがわかります。

■いにしえの日本人のエネルギー

日本人の「心の偏差値®」の高さを物語る二つの建築物があります。

その一つは、世界最大の木造建築、東大寺・大仏殿。現在の大仏殿は1709年（宝永6年）に再建した建物で、幅57・5m、奥行き50・5m、棟までの高さ49・1m。この大仏殿の東西の両側には、今はないですが高さ100メートルはあろうかという七重の塔がそびえていたといいます。あなたはこれを想像できますか？　もしあなたが聖武天皇から**「大仏を作りたいからプロデュース頼むよ」**と言われたらどうしますか？　758年（天平宝字二年）の創建当時の大仏殿はもっと大きかったそうですが、さあ、いかがでしょう。これらを造った当時の人知と技術力は私たちの想像のはるか上です。

もう一つは高さ50メートルはあるであろう出雲大社の天空の旧社殿。これは神話の世界だけの話かと思われていたのですが、近年出雲大社の境内から、三本一組となった大きな柱が三カ所で発見されたのをきっかけに、その存在が現実味を帯びています。奈良の大仏殿が高さ49メートルですから技術的に不可能ではない高さです。そんな建物が神話の時代に現実にあったというのですから驚きです。

歴史書『古事記』に、出雲大社の成り立ちの話として巨大神殿の逸話が出てきます。出雲大社に祀られる大國主神（オオクニヌシノカミ）が国譲りの際、アマテラスオオミカミの命を受けたタケミカヅチノカミに、国は譲るからそのかわりに「立派な宮殿をつくって私を祀ってほしい」と言ったという、その話です。

そしてさらなる驚きは、この神話の建物は姿を変えてほぼ同じ場所に、出雲大社として今なお存在しているという途方もない時間軸を持った伝承の力。

これらの建物はいわば信仰心の象徴ともいうべき建物です。クレーンも重機もない時代に、当時の人たちの念《おも》いはどれほど強く大きなものだったことでしょう。天を仰ぎ見るほどの建物を造り継承してきたいにしえの日本人のエネルギーを想像すると、そのエネルギーの強さの根源はやはり「信仰心」だったのだと確信できます。

現代人がいにしえの人たちと比べてお利口になったのかというとそうではありません。それは勘違いです。私たち日本人の心は「信仰心」を奪われ、退化したままなのですから。

■日本的「感性再生」のすすめ

日本人の心の偏差値をいにしえの人々のレベルに戻していくにはどうすればよいでしょう。そのヒントはやはり、神社・仏閣にあります。神社仏閣は心の偏差値を上げていく装置です。

数千年もの昔、日本の奥州・平泉《ひらいずみ》にたどり着いたエジプトの文様、法隆寺金堂に描かれたインド由来の壁画。人は古代より永遠の美を求めて時空を超えた旅をしています。今私たちが見ているのは、時を超えたいにしえ人《びと》の念《おも》いです。その念《おも》いをキャッチできるできないの差は、私たちが「感性」という心のアンテナを育んでいるかどうかです。

たとえば、原っぱに一枚の絵が置いてあるとします。浮世絵でもいいですしゴッホのひまわりでもいい。サルがそれを見つけたとしましょう。サルは何の関心も持たないかあるいは遊び道具かと思ってその絵を引っかいたり破いてしまうかもしれません。一方、人であるあなただったら、その絵を見て美しいとか、下手だとか、なぜこんなところに絵があるのか、持って帰ってネットで売ってみようなどと**思考を巡らせる**ことでしょう。

動物と人間との差はここにあります。コンピュータと人間との差もしかり。この思考のなかで、インスピレーションだとかアイデアとか、夢やユーモア、同情などなど、目に見えないものを追いかける、想像する能力が人にはあります。こうした人独特の能力を開発していくことで「感性」が育まれます。

神社は神殿奥に鏡が参拝者の方を向いて置かれていて、私たちはその鏡に向かって手を合わせます。お寺には仏像があり私たちは仏像に向かって手を合わせます。手を合わせたときにあなたの頭の中で映っていたものが鮮明であればあるほど、「感性」が磨かれていることになります。目に見えない何かと対話ができているからです。

神社仏閣はあなた自身があなたの心と向き合う場所なのです。心は形がないので見えません。そうした見えないものと対峙できる場所を持ちましょう。なお、ここでいう神社仏閣は建物だけを指すのではありません。神棚でもいいし、仏壇でもいい。目に見えない何かと会話する場所です。ジョブズはこれを瞑想と呼んで禅を実践していました。

■日本が世界をけん引する

地球人口が２０２２年11月に80億人を突破し、15年後の２０３７年には90億人に達するなかで、アメリカやヨーロッパのパワーが衰退、特にアメリカが世界の警察の座を降りたことで、世界秩序は混迷の時代に入った感があります。時の流れから察すれば、一度失った力はもう戻すことはできません。では次の世界秩序が決まるまで、だれが世界をけん引していくのか。

答えは日本です。

欧米や中国など歴史上主役だった国々の復活はありません。彼らのこれまでの生き方が独占欲や搾取、破壊と創造、弱肉強食の歴史だったことを考えると、「和」と「継承」と「伝承」を重んじる日本の精神性と生き方は全くの真逆です。２０００年初頭に起きたサブプライムショック、リーマンショックに象徴されるように、格付け会社を作って「トリプルＡ」という見え透いた嘘を重ね世界をだまして金儲けのシステム、貪欲な欲望のシステムを作った民族と、一般人レベルでの道徳観が根づき、「買い手よし、売り手よし、世間よし」の三方良しの商い魂が息づいている日本とでは、どちらが本来求められるべきものか明確に理解されるはずです。

■テキサスに「愛のコア」を

ＳＤＧｓが世界で叫ばれている中、持続可能な社会を作るのに企業や事業の継続繁栄がなくては単なるお題目を掲げているにすぎません。ＳＤＧｓを現実化するには高い徳目（仁・義・礼・智・信など人としてのあり方）と高い利他的精神性が求められます。それを日本ではすでに明治期に実践していました。渋沢栄一先生が「真正の利殖は仁義道徳に基づかなくては、決して永続するものではない」と、明治期の新しい日本の国造りが進んでいる中で実践していたのです。

そして日本には、奈良、平安時代以来の「千年永続国」を築いてきたコンテンツがあります。他国に干渉されず太平時代を築いた徳川三百年のソフトがあります。世界的に類を見ない平和と繁栄の国造りの実績があります。その平和、共存共栄の精神の歴史は、古くは神話の世界にさかのぼります。

日本が東洋と西洋の橋渡しをする時代がこれから本格的にやってくるわけですが、日本が世界のけん引役を担うには、「愛のコア」が必要です。日本の文化、そして日本流の生き方を伝える「愛のコア」です。

ルーク・倉石さんが作ろうとしているテキサスの善光寺分院はまさにその「愛のコア」づくりそのものです。あらたな文明・文化を切り開く「和魂」の基地を発展させていくこと。この大きなテーマにワクワクしているのは私だけではありません。国内外にいる中野塾塾生が念《おも》いを同じくしています。

第五章

ZenCozy編

テキサス善光寺プロジェクト
未来のお寺は「ZenCozy」

テキサスに「愛のコア」を設けるにあたって、力強い仲間をここで紹介します。

テキサス州はバーベキュー（ＢＢＱ）発祥の地ともいわれる本場です。アメリカを代表する国民食であるＢＢＱにかける情熱は半端ではありません。テキサスＢＢＱのコンセプトは「Low & Slow」、つまり薪火を使い低温でゆっくりと長時間かけて調理します。そのように調理することによって肉はとてつもなく柔らかくジューシーに仕上がるのです。

私は日本バーベキュー協会(https://jbbqa.org)の初級ＢＢＱインストラクターですが、同協会会長で日本唯一のＢＢＱマスターである下城民夫氏に「バーベキューと茶道の関係」を寄稿して頂きました。

〈下城 民夫氏プロフィール〉

日本バーベキュー協会会長、日本で唯一のバーベキューマスター

アメリカに於けるＢＢＱ世界大会に日本チーム「ＢＢＱ ＳＨＯＵＧＵＮ」のピットマスターとして多数出場する。

アメリカ最大のＢＢＱソサエティ ＫＣＢＳ（Kansas City BBQ Society）のメンバーであり、ＢＢＱコンテストの公認審査員の資格も保有する。テレビ・ラジオ等メディアにも多数出演あり。

バーベキューと茶道の関係

■「利休七則」とスマートバーベキューのための「バーベ九則」

「バーベ九則」とは日本バーベキュー協会が進める〝スマートバーベキュー〟を実現するためのバーベキューの心得です。

〝スマートバーベキュー〟とはより賢明なバーベキューという意味です。

〈参考〉

日本バーベキュー協会が定める〝スマートバーベキュー〟の4つの定義

1　自分に優しく（自分も楽できるバーベキュー環境を作る）

2　相手に優しく（ゲストが気持ちよくなる環境を作る）

3　環境に優しく（自然環境や付近住民に負担をかけない）

4　社会貢献になるバーベキュー（自分以外が社会の入り口。バーベキューはホストがゲ

ストをおもてなしする会。ゲスト喜ばせるバーベキューが社会貢献活動となる）

「利休七則」とは戦国時代に活躍した茶聖千利休が弟子に語ったと伝わっている七つの重要な言葉のこと。茶会を開くときの一番大切なこととしての〝おもてなし〟の真髄が「利休七則」です。現代の茶道の世界でも、まず最初に学ぶべきこととしての「利休七則」の精神が息づいています。

バーベ九則はその利休七則をヒントに作られたスマートなバーベキューの九つの心得です。

〈参考〉

利休七則

一、茶は服《ふく》のよきように点《た》て—心をこめる—

二、炭《すみ》は湯の沸《わ》くように—本質を見極《みきわ》める

三、花は野にあるように—いのちを尊《とうと》ぶ—

四、夏は涼《すず》しく、冬は暖《あたた》かに—季節感を持つ—

五、刻限《こくげん》は早めに―心にゆとりを持つ―
六、降《ふ》らずとも雨の用意―やわらかい心を持つ―
七、相客《あいきゃく》に心せよ―たがいに尊重しあう―

バーベキューも茶道も相手がいて成立する遊びの文化。同じ場を共有する相手を喜ばせる〝おもてなし〟の心を持って接することが大切。バーベキューを楽しむためにも「バーベ九則」を遵守することで日本のバーベキューをスマートバーベキューに進化させましょう。

■スマートバーベキューのための「バーベ九則」の解説

一、下調べは慎重に

楽しいバーベキューとなるためにまずは自分のやりたいバーベキューをイメージして下調べをしっかりすることが大切です。そのことで移動方法や現地で使える時間、持っていく道具や食材の準備などの準備が変わります。場所によっては手ぶらでバーベキューを楽しめるところもあり、子供達の遊べる施設も見つかります。

二、準備はお家で

日本のバーベキューではゴミの放置が問題になっています。ゴミを捨てないのは当たり前ですが、そもそも「ゴミになるものを持っていかない」ことでゴミを減らしていこうというもの。例えば肉の入っているトレーは家で分別ごみとして捨てておき、ジップ・ロップやタッパウエアなどのリサイクル可能な入れ物に入れて持っていく。野菜もすぐに焼けるように下準備は済ましておくと現地で余裕も生まれ皆で楽しく食べ遊ぶ時間が増えます。まさに一石二鳥なこと。

三、降らずとも雨の用意

この言葉は利休七則にそのままあります。バーベキューも基本は青空の下でやりたいもの。雨天など天候の変化は人知を超えたもの。天気の変化で天を恨んでも仕方がありません。前もって雨天や強風などの荒天時の予想や準備をしておくことは心の余裕に繋がります。

天気予報だけに頼らず、いざという時のために傘や子供用雨具や日よけタープを用意する。

四、焼ける前に一品

バーベキューは炭をおこす作業があり、どうしても焼いて食べるまでに時間がかかります。人は空腹時にはイライラするもの。準備をしながらでもつまめるサイズのピンチョスやフィンガーメニューを用意して小腹に入れると人は落ち着きます。ウェルカムドリンクも同じこと。このように参加者への気配りを忘れず楽しいバーベキューの導入部にしようという、ヒト中心のパーティの基本的な考え方です。

五、食べ物を炭にするべからず

食材に応じて正しい温度や場所でグリルすることで、肉や野菜を焦がさず、また生焼けにせず食材を無駄にしないという心得です。

牛肉、豚肉、鶏肉など肉の種類によって異なる火力を作るため、正しく温度管理のできるチャコールレイアウトメソッド（バーベキューの基本技術）を身につけ、食材を無駄にしないようにしましょう。

グリルに炭を置かないキープゾーンは焼きすぎも防げます。まさに適材適火です。

六、子供相客に心せよ

相客とはホストとゲスト共々バーベキューを楽しむメンバーのことを指します。バーベキュー九則では〝子供〟を加えて〝子供相客に心せよ〟としました。

利休七則にも「相客に心せよ」があります。

茶会もバーベキューも最も大事なことは何人たりとも、人を差別せずフェアな心で接すること。

大人だけではなく同席する子供達も焼き上がった肉や野菜を食べるだけでなく、子供にもできる役割を与えて料理のメンバーに加えましょう。子供達は食べることだけでなく親の役に立つことに喜びを感じるものなのです。炭から立ち上った炎を消す水鉄砲もゲストに役割を作る道具です。

七、飲んだら運転しない

バーベキューではビールやワインなどのアルコール飲料を飲むことが多いもの。アルコール飲料を飲んだ時には車の運転しないことは当たり前です。

他にも夏場になるとバーベキューを楽しむあまり、アルコールが入った状態で川や海に入って溺れるという事故も後を絶ちません。〝飲んだら乗らない泳がない〟ということも徹底しましょう。お酒は適量が楽しいものです。

八、ゴミや炭は埋めない捨てない

日本のバーベキューの大きな社会問題の一つにゴミの投棄のことがあります。あってはならないことですが、海岸や河川敷ではゴミや使い終わったゴミを投棄したり炭を埋める人もいます。

炭は土に埋めても土にかえるどころかそのまま1億年以上も分解されません。

ゴミの処理できる環境がない場合はゴミや消した炭は持ち帰る。バーベキューをする時の最低限のマナーです。

九、来た時よりも美しく

バーベキューを楽しむ人達がみんなで美しくバーベキュースペースを守ることで、誰もが気持ち良いバーベキューライフを過ごすことができます。

公共スペースでは自分達が出したゴミだけではなく他人のゴミであっても利用者が自らの意思で持ち帰る。その結果バーベキューをすればするほどその場所が綺麗になる。

日本でもこのような素敵なバーベキュー文化を作りましょう

（下城民夫）

■日米の懸け橋となって40年

日本とアメリカの間を行き来するようになってから約40年になりますが、元々、国家防衛の志に燃えて「防衛大学校」に進んだ私は、人一倍に自分のアイデンティティを意識してきました。

「日米の懸け橋」となることが私の渡米当初からの人生のテーマでした。テキサス州に移住して大学院にて経営学を学びながらアジア系の旅行会社を経営するチャンスに恵まれ、日米の大手不動産や建設業界ＶＩＰの通訳をさせて頂いたこと。大学院卒業後はカリフォルニア州の「米国三井不動産販売」にマネージャーとして入社し、主に米国商業不動産の小口化商品を日本の投資家向けに販売して会社として総額約２００億ドル分の不動産を証券化したこと。在職中には米国最高峰の認定不動産投資顧問資格ＣＣＩＭを取得し、同社のバイスプレジデント兼ブローカーオフィサーを務めたこと。１９９８年（平成10年）に同社退職後、日米間で小口化手法を使った様々な事業に関わったこと。これらは私にとって「懸け橋」ビジネスとしてのスタンスでした。

その後の私は、自然に実業家としての道を歩むことになります。「株式会社カナヤマコーポレーション」（福島県の不動産・建設および第二種金融商品取引業）や「アウグスビール株式会社」（東京都の酒造関連業）、「株式会社アイ・ラーニング」（沖縄県の教育関連業）など、日米で十数社の取締役を務め、２００５年（平成17年）には自らが代表を務めるリラクゼーションの会社を株式公開。そして現在、アメリカではカリフォルニア州でリラクゼーション関連業、テキサス州で不動産投資関連業に従事しています。

ビジネス以外では、「ヨシダソース」吉田潤喜会長の勉強会（吉田寺子屋）を開催させて頂いたり、「キングストン大学」プログラム諮問委員はじめ「一般社団法人国際セルフケアマネジメント協会」など数社の理事を務め、和魂伝師として和の心を伝えています。

■コミュニティ「愛のコア」を作る～倫理法人会

そのような中、２０１６年（平成28年）にアメリカに「倫理法人会」（一般社団法人倫理研究所の会員組織で会員企業数は7万社を超える）を設立する機会を与えられ、「南カリフォルニア倫理法人会」（現「ロサンゼルス倫理法人会」）設立に尽力しました。私は同会の副会長を務め、２０１８年（平成30年）の「カリフォルニア州倫理法人会」設立後は州の副会長を務めています。また、法人レクチャラーとして、日本全国のモーニングセミナーで講話をさせて頂いています。

「信和義塾大學校」や「倫理法人会」で学び、私は日本人固有の精神【やまとだましい】すなわち【和魂】こそが【絶対倫理（くらしみち）】であり【万人幸福の道】であると捉えています。倫理運動の創始者である丸山敏雄先生によると（以下、「万人幸福の栞」より引用）、

これをつづめてみると、

明　朗（めいろう）　　ほがらか
愛　和（あいわ）　　なかよく
喜　働（きどう）　　よろこんではたらく
純　情（じゅんじょう）　すなお

ことの三つであり、今一歩おし進めてみますと、の一つになります。ふんわりとやわらかで、何のこだわりも不足もなく、澄みきった張りきった心、これを持ちつづけることであります。（以上）と教えています。

■念いの３Ｄを「天」にあげた瞬間に

アメリカに「倫理法人会」を立ち上げた年の11月24日から二日間にわたって中野氏が塾長を務める「信和義塾大學校」（現在「中野塾」）で京都・奈良修学旅行が開催され参加しました。この課外研修で学んだのは、「国宝を起動させる秘法、夢を叶えるドリームキャスト」でした。

事前に念《おも》いを頭の中で瞬時に表現できるよう３Ｄでビジュアル化しておくように中野塾長から言われていたので、あらかじめシュミレーションをしてその場に臨みました。念いの３Ｄ化とは何かというと、自分が実現したい夢や目標を具体的に映像として頭の中に表現できるようにしておく、ということです。

私が参加した修学旅行では、京都の東寺、三十三間堂、霊山護国神社、そして奈良の東大寺などを訪れ、仏像や神殿に自分の事業の成功ビジョンを描きながら祈願していくのですが、最後に訪問した法隆寺の夢殿で、自分のビジョンと全く異なる３Ｄイメージが跳ね返って来ました。

それは鮮明かつ強烈なイメージで、ダラス経済圏に善光寺の別院を建立するイメージでした。まさに「日米の懸け橋」として自分が何をすべきかの具体的なイメージだったのです。これぞ私の「天命」、不思議な感動で体がふるえるなか、そう感じた出来事でした。

孔子は「五十にして天命を知る」と言っていますが、私が天命を知ったのはこの修学旅行の年、２０１６年（平成28年）11月25日、57歳の時でした。

■法隆寺・夢殿で天とつながった瞬間

法隆寺の夢殿にて跳ね返って来た３Ｄのイメージをもう少しご紹介しましょう。
それはこんなイメージでした（全部映像で頭の中に浮かんだ光景です）。

テキサス州ダラス経済圏に私がつくる日本文化のコミュニティーとなるジャパンタウン（ショッピングセンター）です。そのセンターの核には善光寺の別院があります。善光寺の別院では、茶道・華道・書道や様々な武道、そして帝王學や倫理などの学問を教えています。センターのテナントは日系スーパーマーケットやダイソー、くら寿司やラーメン屋を含む様々な和食店、更には紀伊國屋書店など日系の店が軒を連ね、センターのパーキングで春夏秋冬のお祭りなど日本文化に関わるイベントを開催し、多くのアメリカ人が楽しそうに集まっています。

こんな鮮明かつ強烈な門前町のイメージでした。イメージの中には、私の中学時代の同級生である、善光寺の若麻績眞海《わかおみしんかい》（徳行坊《とくぎょうぼう》住職）に協力を要請して快諾して頂くイメージ等々、短い祈りの中で数年間にわたる出来事が走馬灯のごとく頭の中いっぱいにリアルに溢れ出てきたのです。

このような体験は初めてのことで心底驚きましたが、神社仏閣の本当の凄さはこういうところにあるのかと、あらためて「祈り」「念い」の強さが「天」に届くことを実感した次第です。

■法隆寺と善光寺

後に知ったことですが、法隆寺を創建された聖徳太子と善光寺には深い繋がりがあります。お釈迦様が生きていらした時に造られた善光寺の一光三尊阿弥陀如来像は５５２年に百済国の聖明王が仏典と共に欽明天皇へ贈りましたが、蘇我稲目《そがのいなめ》が仏像を安置していた向原寺《こうげんじ》を廃仏派の物部尾輿《もののべのおこし》が焼き払い、仏像を難波の堀江に流して捨ててしまいました。これを20年以上経ってから13歳の聖徳太子が取り上げて寺を建てて金堂に安置したのですが、わずか1年も経たないうちに物部守屋《もののべのもりや》が堂塔を焼き払い仏像をまた堀江に沈めてしまいました。

怒った聖徳太子は物部守屋討伐へ向かう途中、信貴山《しぎさん》で戦勝を祈願すると、寅の年、寅の日、寅の刻に毘沙門天王が現れて必勝の秘法を授けたと言われています。また、聖徳太子の父である用明天皇が崩御された後、聖徳太子は「南無阿弥陀仏」を7日間にわたって7万回も唱えたのですが、その功徳が気になり小野妹子に手紙を持たせて善光寺へ使わせたという話もあります。そのやり取りは、法隆寺に「善光寺如来御書箱」として保存されています。

■不思議に縁がつながる

さて、自身の天命を知って以来、トントン拍子で周りが動き始めました。先ずは若麻績から「マルコメ株式会社」の青木時男社長に会いたいと連絡がありました。彼は善光寺の責任役員（現在は法務局次長）を務めており、翌年（２０１７年）の日タイ修交１４０年と崩御されたプミポン国王陛下への追慕の意味合いで、１９３７年（昭和12年）に日タイ修交50周年を記念し、ミッタカムラクサー在日タイ王国公使を通じて善光寺に寄贈されたスコタイ王朝期のタイ釈迦仏と、バンコクのタイ王室第一級寺院のラーチャボピットト寺のクロムルアング・チンナウオンシリワット法親王殿下からプラヤーシーセーナー在日タイ王国公使を経て寄贈された仏舎利の里帰りをさせたいということで、マルコメ味噌もしくは青木社長に施主（スポンサー）をお願いしたいとの内容でした。マルコメとのミーティングは実現し、私のテキサス善光寺プランへの協力も快諾して頂きました。

■相次ぐ出版の話

同じ頃、ぱる出版からテキサス関連の書籍を出版する話も舞い込んで来ました。そして翌年（2017年）4月に『資産家たちはなぜ今、テキサスを買い始めたのか？』を世に送り出すことになったのです。本を出したことにより、テキサス関連についての取材や不動産購入の問い合わせ、テキサスへの事業進出の相談などを頻繁に受けるようになりました。

2018年（平成30年）には中野博塾長（所長）と二作目の『なぜ、トヨタはテキサスに拠点を移したのか？』を日本実業出版社から出すことが出来ました。この本はかなり話題となってロングランで売られており、2021年（令和3年）に電子書籍がディスカヴァー・トゥエンティワンから発売され、現在もオーディオブック化の話が進んでいます。同著の出版記念パーティーでご縁を頂いたのが大阿闍梨の三上香楽師僧です。

■ZenCozy＝善光寺を「愛のコア」に

テキサス州にいると、日本人の私は年配の方から感謝されることがあります。それは第二次世界大戦中にテキサス州兵を救った日系アメリカ人部隊の話が有名だからです。この話とテキサス州フレデリックスバーグ市にあるアメリカで唯一の国立太平洋戦争博物館の話はテキサス編で紹介していますが、戦争をとおしてお互いの心が通い合い、それが現在でも続いていることがとても感動的です。

テキサス州の人は日本人に心から感謝し、共に平和であり続けることを望んでいます。

そんなテキサス州に善光寺を建立するわけですが、お寺の表記はＺｅｎＣｏｚｙにします。アメリカではＺｅｎ（禅）に傾倒する人が増えています。今は亡きスティーブ・ジョブズ（アップル創業者）は禅を愛し、新本社（アップル・キャンパス）は一円相という丸を一筆で描いたデザインになっています（158頁参照）。アップルに限らずグーグルなどの企業でも禅のプログラムが取り入れられているほど、Ｚｅｎ（禅）はポピュラーなものになっています。

Ｃｏｚｙは銀座コージーコーナーの「コージー」と同じく「憩いの空間」という意味です。この「禅」と「コージー」を合わせてＺｅｎＣｏｚｙ＝善光寺と読ませます。

私はテキサス州のＺｅｎＣｏｚｙを通じて、日本文化を全米に拡げて参ります。日本に憧れを持つ人に、日本の良さと日本文化の力強さを自身のパワー（ＺｅｎＣｏｚｙＰｏｗｅｒ）としていただくために、残りの人生を尽くす所存です。

おわりに

2019年（令和元年）9月8日に「真言宗国際派」管長の三上香楽大僧正から得度を受けて授かった私の法名は「大智。」です。三上師僧によると、法名の最初の文字「大」は自分がどういう存在であるかということを表し、真言密教の救主である「大日如来」から頂いたとのことで、皆の目標となるべく私は上に上がらないと駄目だそうです。最後の文字「智」は自分の目的を表し、私には「大日如来」の「智慧」を相手に気付かせる天命があり、今までもこれからも宇宙法則である「大日如来」と一体となって、皆さんに「智慧」を付けることで、私といると「智慧」の輪になっていくよう自分を修行によって高めることが課題であると言われました。

その後、2022年（令和4年）壬寅《みずのえとら》・ガイアの五黄年《ごおうねん》に新たなご縁を頂き「真言宗善通寺派」に転派し、9月3日に総本山善通寺にて管長の菅智潤《すがちじゅん》大僧正から受戒を授かりました。真言宗は空海（弘法大師）によって平安時代に開かれた大乗仏教の宗派ですが、善通寺（香川県）は高野山（和歌山県）と東寺（京都府）と共に弘法大師三大霊場の一つに数えられており、四国霊場第七十五番札所で弘法大師が誕生した場所です。テキサスに善光寺の別院を建立するために、今の私は阿闍梨《あじゃり》を目指して龍泉院（兵庫県）武本法修《ほうしゅう》住職の徒弟として、四度加行《しどけぎょう》（十八道行法・金剛界行法・胎蔵界行法・護摩行法）を修道中です。

壬寅五黄年《みずのえとらごおう》の重要テーマは「破壊と創造」です。私は受戒を授かる前に剃髪し、今までの自分を「破壊」しました。そして、癸卯《みずのとう》・風の四緑《しろく》の今年、伝法灌頂《でんぽうかんじょう》を授かり、即身成仏《そくしんじょうぶつ》を得て、阿闍梨としてＺｅｎＣｏｚｙ（善光寺）プロジェクトをスタートさせます。ちなみに癸卯四緑年は未知の地を開拓する時で、重要テーマは「選択と集中」です。まさしくチームワークで「和魂」を世界に広めるタイミングなのです。

本著には、信濃國（長野県）は縄文時代に龍神パワーで最も繁栄し、日本の中でも最も人口が多かった場所でもあったと書かれています。縄文文明は、情感的で右脳的、女性的で、ルーツはムー文明やレムリア文明かもしれません。そこにアトランティス文明由来の、ロジカルで左脳的、男性的な密教や原始キリスト教・古ユダヤ教集団などの神話時代の神様や渡来人たちがやってきて、それぞれ相対する別のものが融和し融合した特別な場所である信濃國。そこに仏教伝来とともに日本へやってきた最古の仏像が鎮座する善光寺があります。御本尊の「善光寺一光三尊像」は源頼朝や北条一族の篤い帰依を受け、戦国時代には武田信玄（甲府）から織田家（岐阜→清洲）、そして徳川家康（浜松）から豊臣秀吉（京都）の手に渡り、42年ぶりに信濃國（長野）に戻ったこともあります。

1998年（平成10年）2月7日、長野オリンピック開会式は善光寺の鐘の音で幕を開けました。私は開会式を海外の空港内スクリーンで観ました。驚いたのは、日本選手団の入場行進で県歌「信濃の国」が流れたことです。これには感動しました。多くの長野県民は、国歌「君が代」や校歌は歌えなくとも県歌は歌え、アメリカでは長野県人会の締めで必ず合唱します（カラオケ楽曲に必ず入っています）。なお「信濃の国」は6番まであり4番はメロディーとテンポが異なります。元々は信州大学教育学部附属長野小学校の校歌ですが、県歌「信濃の国」はアメリカ国歌「星条旗」同様、多種多様な人たちをひとつにまとめる役目があるのです。長野オリンピックのお蔭で、善光寺は世界的に有名なお寺になりました。

本著に書かれているとおり、善光寺は天皇の血を引く女性の「大本願上人」が代々住職を務めておられる（のちに天台宗から派遣される「大勧進貫主」とともに運営）ので、古くから女性の本堂への立ち入りを認めてきました。かつての日本では多くの寺が厳格な女人禁制を貫いていました。例えば、比叡山延暦寺（天台宗）や高野山金剛峰寺（真言宗）では女性は修行の障害になると立ち入りまでを禁じていました。仏教では、女性は宗教的能力が劣っており、そのまま仏には成れないという考え方が主流で、それが女人禁制の理由だったようです。昔は「伊勢参りは男の旅、善光寺参りは女の旅」と言われていました。「牛に引かれて善光寺参り」もお婆さんが牛に引かれて善光寺に連れてこられて救われました。善光寺は創建（６４４年）以来、宗派を問わない懐の深いお寺なので、真言宗の私でも受け入れて頂けます。

男女差別や人種差別が無く、宗派も問わない善光寺こそ、アメリカで日本文化や「和魂」を広げていくのに相応しい「聖地」となります。かつてないほど分断し、争いが激化しているアメリカ。そのアメリカを牽引していくテキサス州にチームワークでＺｅｎＣｏｚｙ（善光寺）プロジェクトを一緒に立ち上げませんか？

志を同じくする仲間が一人でもできることを、ここテキサスの地で願っています。

倉石　大智。（倉石　ルーク　灯）

謝辞『人に笑われてこそ、ビッグ・ドリーム！』

最後まで、本書をお読みいただきありがとうございました。

ズバリ本書で、一番伝えたかったことは、

「妄想力を信じなさい」ということ。

この妄想力とは、人類の進化の原動力であり、あのケネディ大統領が１９６１年に掲げたムーンショット計画、

「私たちは月に行くことを選択した！」

との名演説が妄想力の代表です。

アメリカがその後、月に行くために必要な科学技術の発展をものすごいスピードで遂げ、そのプロセスで世界一の経済大国となり、ケネディ大統領がムーンショット計画という妄想を全国民だけでなく、世界へ伝えたことで、「夢は叶う」という勇気を若者たちへ伝えました。

今回のルーク倉石さんが法隆寺の夢殿で天啓をうけたのも、中野博が教えている【帝王學】の教えである『救済こそが人生の最大の目的』との教えを常日頃意識していたからこそ、天から与えられたメッセージになり、それをルーク倉石さんは「まさか、わたしが？」と疑うどころか、「まさに、私が！」と自分を信じたからこそ、妄想を超えて、本書で紹介している本物の具体的な目標となったのです。


だから、あなたもできる！自分さえ信じることができればね。

この自分を信じることがもっとも難しいので、最後にあなたにプレゼントをします。

それは、「引力の魔術」です。

地球に住んでいるすべての人に備わっている能力なのですが、使い方、つまり技術がわからない方が多いのです。しかし、技術ですから、使い方を学び、練習さえすれば誰でもできるので、ぜひ、あなたの夢や目標を実現するためにも、この「引力の魔術」を使いこなしてくださいね！

巻末の書籍で紹介しています。

中野博

謝辞

［著者プロフィール］

倉石 灯（ルーク A くらいし）

法名：大智。（受戒@善通寺）
1959 年長野県生／和魂リアルティ CEO
防衛大学校管理学部卒業。1984 年渡米。ダラス大経営大学院卒業。米国三井不動産販売にて副社長兼ブローカーオフィサーを務める。1997 年米国最高峰の認定不動産投資顧問資格 CCIM 取得。同社退職後、日米で十数社の役員を務め、自らが代表取締役を務める会社を株式公開。 カリフォルニア州倫理法人会ならびに麺友会（フェイスブック）副会長。YouTube チャンネル登録者 1 万人超。カリフォルニア州オレンジ郡日系協会より功労賞、国際教養振興協会より優秀個人賞を受賞。
共著書：『資産家たちはなぜ今、テキサスを買い始めたのか？』（ぱる出版）『なぜ、トヨタはテキサスに拠点を移したのか？』(日本実業出版社)

YouTube【LUKE 大智 KURAISHI】
https://youtube.com/@WAKON

フェイスブック【倉石 灯（Luke A. Kuraishi）】
https://www.facebook.com/LAKuraishi

インスタグラム【lukekuraishi】
https://instagram.com/LukeKuraishi

アメブロ【ヒト・モノ・カネをテキサスへ】
https://ameblo.jp/relaken

和魂リアルティ（株）
https://wakonusa.com

spaRelaken
https://relaken.com

中野 博（なかのひろし）

ジャーナリスト兼実業家　投資家倶楽部主宰／中野塾主宰　時読み®とナインコード®開発者
中野博の BookTube 大学（YouTube 番組）
愛知県出身。早稲田大学商学部卒業。1992 年 SDGs の原点国連リオサミットにジャーナリストとして参加後エコライフ研究所を設立、代表取締役に就任。日本初の環境と経済を両立する明日を構築する提案を 1,200 社以上に行う。2010 年から和魂洋才®を伝える「信和義塾大學校」を創設し、世界各地で 10,000 人以上のリーダーを指導。テキサス校やロサンゼルス校も開校し、ルーク倉石氏と運営。2020 年より 4 つの YouTube チャネルを使い真の情報提供を行い合計 20 万人が学ぶ。著作は『“強運を呼ぶ” 9code（ナインコード）占い』（ダイヤモンド社）や『成功者はなぜ帝王學を学ぶのか』（現代書林）などあり、本書が 36 冊目。（共著含め）。

YouTube【中野博の BookTube 大学】※無料

YouTube【大人のようちえん！】※無料
人生 100 年時代の投資とお金を学べる幼稚園

【ニコニコ動画】※一部有料
中野浩志の崖っぷち本音トーク

望月 均（もちづきひとし）

1970年長野県生／㈱SKY事業管理部長兼佐久事業所長、飯綱文化振興会会長
元陸上自衛官、現在は㈱SKYにて、サービス付きシニア向けマンション「フェリーチェさくだいら」「フェリーチェ・ヴィータ」、フィットネス型健康増進施設「アクネス」の事業運営にあたる。自衛隊在職時に転勤で全国を巡った際、各地で自己のルーツに繋がる不思議な体験を繰り返し得たことにより、各地の郷土史を相互に繋げて分析する研究を始める。
2011年の東日本大震災に際して、東北統合任務部隊災害派遣幕僚として業務に従事した後、2012年に自衛隊を退官、本格的に修験道・古神道研究をはじめ、飯縄、戸隠、諏訪、熊野、吉野、淡路島をはじめとする多くの聖地と縁を結ぶとともに、長野県長野市を拠点とする「飯綱文化振興会」の会長として、飯綱信仰文化の普及・振興にあたる。

サービス付きシニア向けマンション
「フェリーチェ・ヴィータ」
https://shubunkai.or.jp/felice-vita/

サービス付きシニア向けマンション
「フェリーチェさくだいら」
https://www.shubunkai.or.jp/sakudaira/

フィットネス型健康増進施設
「アクネス」
https://aqness.jp/